일상의 진리,
고전에서 배우다

일상의 진리, 고전에서 배우다

사자성어에서 배우는 삶의 지혜

초 판 1쇄 2024년 11월 18일

지은이 도승하
펴낸이 류종렬

펴낸곳 미다스북스
본부장 임종익
편집장 이다경, 김가영
디자인 윤가희, 임인영
책임진행 안채원, 이예나, 김요섭, 김은진, 장민주

등록 2001년 3월 21일 제2001-000040호
주소 서울시 마포구 양화로 133 서교타워 711호
전화 02) 322-7802~3
팩스 02) 6007-1845
블로그 http://blog.naver.com/midasbooks
전자주소 midasbooks@hanmail.net
페이스북 https://www.facebook.com/midasbooks425
인스타그램 https://www.instagram.com/midasbooks

ⓒ 도승하, 미다스북스 2024, *Printed in Korea*.

ISBN 979-11-6910-914-7 03100

값 18,500원

미다스북스는 다음세대에게 필요한 지혜와 교양을 생각합니다.

일상의 진리, 고전에서 배우다

도승하 지음

사자성어에서 배우는 삶의 지혜

眞理

미다스북스

삶은 끊임없이 질문을 던지는 여정입니다. 우리는 그 속에서 다양한 경험과 감정을 겪으며, 수많은 물음에 직면하게 됩니다. 그 물음들 속에서 진리를 찾고자 하는 사람들은 때로 철학적 사유와 지혜를 필요로 합니다. 저는 이 책을 바로 그 진리를 깨닫기 위한 하나의 길잡이가 되기를 바라며 집필했습니다.

오랜 세월 축적된 인류의 지혜를 담고 있는 사자성어와 한자성어, 그리고 불교 용어들을 통해 삶의 본질과 진리를 풀어내고자 했습니다. 사자성어와 한자성어는 단순한 단어 이상의 깊은 의미를 담고 있고 그것을 온전히 이해하고 우리의 삶에 적용하는 일은 결코 쉽지 않지만, 그 안에 담긴 진리는 여전히 우리에게 큰 울림을 줍니다. 이 책이 여러분에게 그 지혜를 일상 속에서 좀 더 쉽게 느끼고, 실천할 수 있는 계기가 되기를 바랍니다.

삶의 방향을 찾고자 하는 분들, 작은 깨달음 속에서 위로받고 싶은 분들, 고전과 불교의 지혜에 관심을 가진 분들을 포함한 모든 분에게 도움이 되기를 바라며, 제가 이 책을 집필하며 읽고 쓰고 배운 소중한 지혜들이 독자 여러분께 가 닿기를 바랍니다. 그리고 삶 속에서 조금 더 깊은 통찰과 평온을 찾는 여정에 작은 동반자가 되기를 소망합니다.

2장 일상 속 지혜를 담은 순간들

3장 고난과 사랑, 그리고 깨달음의 여정

4장 작은 진리에서 배우는 큰 삶

1장

인생을 변화시키는 말과 행동

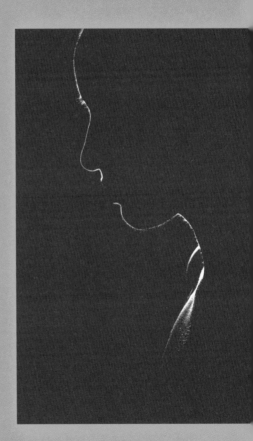

제목 : 침묵

말이 화를 부른다

◈ 구시화지문 口是禍之門
입은 재앙을 불러들이는 문이 된다는 뜻.

입은 곧 재앙의 문이요.
혀는 곧 몸을 베는 칼이다.

풍도(馮道)의 『전당서(全唐書)』 중「설시(舌詩)」

입은 재앙의 문이다. 말을 조심하면 어디서든 편안하게
살아갈 수 있다는 말이다. 모든 화는 입으로부터 시작된
다. 불화를 피하고 싶다면 침묵을 지키는 것도 하나의 방
법이다. 모든 사람의 생각은 같지 않다. 내 생각과 다르게

살아가는 사람들이 무수히 많다는 사실을 우리는 알아야한다. 그들에게 굳이 내 생각을 강요할 필요는 없다. 생각이나 의견 차이를 틀린 것으로 생각해서는 안 된다. 그것은 틀린 것이 아니라 단지 다른 것일 뿐이다. 굳이 내 생각을 강요하며 설명할 필요도 없고 그런 일에 에너지를 낭비하지 말자.

　말이 길어지면 실수하기 쉽다. 그래서 말은 짧고 굵어야 한다. 가벼운 말은 상대방에게 상처를 주기 쉽다. 무거운 말은 말의 무게 탓에 그 자리에 머물러 멀리서 볼 수 있지만 가벼운 말은 혀끝에서 독이 되어 전달되는 경우가 많다. 그러므로 반드시 말을 조심해야 한다. 글은 쓰고 나서 잘못된 부분을 고칠 수 있지만, 말은 한 번 뱉으면 주워 담을 수 없으므로 언제 어디서든 말을 조심해야 한다는 것을 꼭 기억하며 살아가자.

입 구: 口, 옳을 시: 是, 재앙 화: 禍, 갈 지: 之, 문 문: 門

시대의 흐름에 맞춰 생각하라

◎ 각주구검 刻舟求劍
변화하는 상황을 인식하지 못하고 고정관념에 사로잡힘.

시대는 끊임없이 변화하고, 그에 따라 각 세대의 의식 또한 변화한다. 하지만 이러한 변화를 인식하지 못한 채 과거의 시대에 머물러 있는 사람들이 있다. 구시대적 발상과 고지식한 태도를 보이는 이들, 하지만 변하는 시대 그리고 변화한 사람들과 함께 살아가기 위해서는 그런 의식 역시 변화해야 한다.

"요즘 젊은이들은 왜 저럴까?"라고 비판하기 전에, 현대사회가 얼마나 발전했고 우리가 살았던 시대와 무엇이 다른지를 먼저 생각해봐야 한다. 변화를 거부하고 한 자리에 머물러 있으면 고인 물처럼 되어버린다. 우리는 고인 물이 되지 말아야 한다. 물이 오래 고여 있으면 결국 썩게 되듯이, 우리의 사고방식도 썩지 않도록 시대에 맞춰 흐르고 변화해야 한다. 변화는 피할 수 없는 진리이며, 시대에 맞춰 우리의 사고와 태도를 유연하게 조정하는 것이 중요하다. 과거에 머무는 것이 아니라 현재를 살며 미래를 준비하는 자세가 필요하다는 것이다. 이를 통해 우리는 더 나은 방향으로 나아갈 수 있고 다양한 세대와 함께 조화롭게 살아갈 수 있는 길을 열 수 있다.

새길 각: 刻, 배 주: 舟, 구할 구: 求, 칼 검:劍

경솔한 행동의 대가

◉ 경거망동 輕擧妄動

가볍게 움직이고 망령되게 행동한다는 뜻.

전후 사정을 따지지 않고 배려 없이 경솔하게 행동하는 사람들이 있다. 이런 사람들은 주변 사람들의 눈치를 보지 않으며 눈치가 상당히 없는 편이다. 한마디로 말하면 안하무인격으로 행동한다는 뜻이다. 눈앞에 보이는 것이 없고, 세상에서 자신만 잘났다고 생각하며 본인을 가장 우선시하는 이기적인 사람들이다. 원불교에서는 마음의 수양이 부족하면 경거망동하게 되며, 경거망동하면 마음이 불안해지고 결국 악업을 짓게 된다고 했다. 사람은 말

뿐만 아니라 행동도 무겁게 해야 하며 경솔한 행동을 절대 해서는 안 된다는 사실을 마음에 새기고 살아가야 한다. 그러한 행동은 반드시 화가 되어 돌아온다는 점을 명심해야 한다.

우리는 살아가는 동안 항상 바르게 살 수 없다는 것을 알고 있다. 때로는 경솔한 말로 타인에게 상처를 줄 수도 있고 무의식적인 나의 행동이 누군가에게 불편함을 줄 때도 있을 것이다. 하지만 그 차이는 모르고 하는 것과 알고 하는 것에 있다. 모르고 하는 것은 실수라고 할 수 있지만, 알고도 한다면 그것은 고의적인 행동이므로 마음속에 악이 자리 잡고 있다고 할 수 있다. 그렇다면 우리는 어떻게 해야 할까? 답은 간단하다. 인지하는 것이 중요하다. 깨달음을 통해 고쳐나가는 것이 필요하다.

즉, 지금까지 어떤 삶을 살아왔든 앞으로는 그러지 않는 것이 중요하다는 말이다. 지금껏 살아오며 저질렀던 경거망동한 행동에 대한 책임을 지는 것은 당연하지만 이는 내가 한 행동의 결과이기 때문에 인내해야 한다. 힘들다 하더라도 인내하며 살아가자. 지금 당장 조금 고될 수도 있지만 고쳐나가면 앞으로의 삶이 훨씬 편안해질 것이다.

가벼울 경: 輕, 들 거: 擧, 망령될 망: 妄, 움직일 동: 動

허세와 열등감의 악순환

◎ 과시욕 誇示慾
자랑하거나 뽐내어 보이고 싶은 욕심.

   과시욕은 열등감에서 비롯된다는 말이 있다. 이는 무엇을 의미하느냐 하면, 무언가를 과시하고 싶은 욕구가 강할수록 그 사람은 내면에 부족함이 많을 가능성이 크다는 것이다. 예를 들어, 진짜 부자는 돈 자랑을 하지 않는다. 지나치게 돈을 자랑하는 사람들을 보면 그들은 오히려 내면이 비어 있는 경우가 많다. 나아가 사기꾼일 수도 있다. 가진 것이 없을수록 부족한 부분을 감추기 위해 그것을 과도하게 부풀려 있는 척하려는 경향이 있다. 우리는 이를 허세라고도 부른다.

 주변을 지나치게 의식하는 사람은 자신에 대한 타인의
평가가 낮을수록 다양한 방식으로 과시하며 내적 결핍을
채우려 한다. 이러한 행동들은 결국 애정 결핍에서 비롯
된 욕구가 아닌가 싶다. 사람들에게 관심을 받고 과시하
며 우월감을 느끼려는 사람들은 자기만족을 위해 살고 있
지만, 그들의 삶은 과연 괜찮은 것일까? 물질적인 욕구로
채운 삶의 끝은 어떻게 될 것인가?

 진정한 행복은 외부의 인정이나 물질이 아니라 내면
 의 충만함에서 비롯된다는 것을 잊지 말아야 한다.
 타인의 시선을 의식하기보다는 자기 자신을 깊이 이
 해하고 성장시키는 것이 진정한 만족을 가져온다.

자랑할 과: 誇, 보일 시: 示, 욕심 욕: 慾

중용의 가치

◎ 과유불급 過猶不及
정도를 지나침은 미치지 못함과 같다는 뜻으로, 중용(中庸)이 중요함을 이르는 말.
논어의 선진편(先進篇)에 나오는 말이다.

"성인도 과유불급이라 하셨잖소. 너무 깊숙이 파고
들어갈 건 없단 말이에요."

– 한무숙의 『어둠의 갇힌 불꽃들』 중

적당함을 유지하는 것은 삶에서 균형을 찾는 중요한 방
법 중 하나다. 이는 단순히 감정적인 측면에 국한되지 않
고 모든 면에서 적용될 수 있다. 예를 들어, 욕망이나 욕
심, 노력, 관계에 있어서도 적당함이 중요한데 지나치게

욕심을 부리거나 무리한 목표를 설정하면 오히려 그것이 우리의 발목을 잡게 된다. 노력도 마찬가지다. 열심히 하는 것은 중요하지만, 자신의 한계를 넘어서는 무리한 노력은 몸과 마음을 지치게 할 뿐만 아니라 결국에는 그 성과도 반감시킨다. 관계에서도 마찬가지다. 주고받는 감정의 균형을 잃으면 상대에게 지나치게 의존하거나 기대하게 되어 실망과 상처를 피할 수 없게 된다.

 적당함이란 그만큼 어려운 일이다. 우리는 항상 더 많이 얻고 싶어 하고, 더 나은 성과를 바라는 마음에 적당한 선을 넘곤 한다. 하지만 적당함을 유지하는 사람은 지나친 기대나 실망에 빠지지 않고, 자신의 삶에 평온을 유지할 수 있다. 이는 자신을 지키는 방법일 뿐만 아니라, 상대방을 배려하고 존중하는 마음을 실천하는 길이기도 하다. 그러므로, 모든 일에 부족하지도 넘치지도 않는 적당함을 유지하는 것이야말로 건강한 삶과 관계를 지속하는 가장 현명한 방법이 아닐까 싶다. 적당함 속에서 우리는 진정한 만족과 평화를 찾을 수 있으며, 그것이 곧 삶의 진정한 행복으로 이어질 수 있다.

지나칠 과: 過, 오히려 유: 猶, 아닐 불: 不, 미칠 급: 及

실수를 반복하지 않는 용기

※ 과이불개 過而不改
잘못하고도 고치지 않는 것.

　사람은 누구나 잘못된 선택을 하거나 실수할 때가 있다. 본의 아니게 잘못을 저지르거나, 의도는 그게 아니었지만 결과적으로 잘못된 행동을 할 수 있다. 인간은 완벽하지 않기 때문에 누구나 실수할 수 있다는 것이다. 하지만 그 실수를 반복한다면 더 이상 실수가 아니다. 즉, 잘못을 알면서도 고치지 않으면 그것이 가장 큰 잘못이 된다. 대개 이런 사람들은 자기 잘못을 인정하지 않는다. 잘못을 알고 있음에도 불구하고 고치려 하지 않고, 오히려 구구절절 변명만 늘어놓는다. 우리는 그런 사람들을 비겁하다고 말한다. 비겁하고 구차한 사람들.

잘못을 인정하는 것은 어려운 일이 아니다. 그리고 그 인정은 우리의 삶에 반드시 필요한 것이다. 잘못을 인정하면 고칠 수 있고 잘못된 것을 고치면 더 나은 사람이 될 수 있다. 그럼에도 왜 사람들은 고치려 하지 않을까? 그 이유는 바로 본인의 잘못을 인정하기 싫어서이다. 내가 잘못된 행동을 하고 있다는 사실을 인정하는 순간 남들에게 받을 시선과 자신이 감당해야 할 책임들이 많아지기 때문에 그 현실을 외면하는 것이다. 결과적으로 이런 사람들은 반드시 같은 잘못을 반복하게 된다. 잘못을 고치지 않기 때문에 스스로 인식하면서도 같은 실수를 되풀이하는 것이다. 결국, 그들은 많은 것을 잃게 될 것이다.

우리도 그런 사람이 되지 않도록 하자. 만약 무언가 잘못을 했다면 얼른 인정하고, 다음에는 같은 일이 반복되지 않도록 고치며 살아가자는 말이다.

지날 과: 過, 말 이을 이: 而, 아닐 불: 不, 고칠 개: 改

기회를 놓치지 말고 사랑하라

◎ 기불가실 시부재래 機不可失 時不再來
기회를 놓치지 말라, 때는 다시 오지 않는다.

    기회는 한 번 놓치면 다시 돌아오지 않는다. 흘러가는 시간을 붙잡을 방법은 없다는 말이다. 곁에 있을 때 그 소중함을 알고 온 힘을 다해야 지나간 것에 대한 후회를 덜 할 수 있다. 누군가에게 온 힘을 다해도 남는 것이 후회일 때가 있다. 때를 놓쳐버린 후회는 평생 가슴에 사무친다. 사실 후회하지 않는 방법이란 존재하지 않는다. 우리는 늘 후회 속에서 살아가기 때문이다. 하지만 조금이라도 덜 후회하기 위해 노력할 수는 있다. 어차피 후회할 거라면, 차라리 최선을 다하고 나서 후회하는 것이 낫다는 말이다.

지나간 것을 되돌리려고 애쓰지 말고 지나가기 전에 곁에 머무를 때 더없이 사랑하자. 사랑은 주고 또 줘도 모자란 것이니 아낌없이 퍼부어주자. 제발 옆에 있을 때 모든 것을 다 주고 말자는 것이다. 떠나고 나면 아무리 해주고 싶어도 더 이상 해줄 수 없게 되니까. 그러니 우리 사랑하는 이들과의 순간을 소중히 여기고 그들과 함께할 수 있는 시간에 최선을 다하자. 시간이 흐르고 나면 후회보다 따뜻한 기억이 남는 삶을 살 수 있을 것이다.

틀 기: 機, 아닐 불: 不, 옳을 가: 可, 잃을 실: 失
때 시: 時, 아닐 부: 不, 두 재: 再, 올 래: 來

고난을 이겨낸 후 찾아오는 기쁨

◎ 고진감래 苦盡甘來
고생 끝에 낙이 옴.

    고난과 역경을 이겨내고 나면 반드시 기쁨과 성취가 따라온다. 우리가 열정을 다해 노력하고 인내한 만큼 그에 상응하는 보상은 언젠가 반드시 찾아오게 마련이다. 당장은 어려움에 직면해 힘들고 지칠 수 있겠지만, 포기하지 말고 조금만 더 견뎌내면 그 노력의 결실을 보게 될 것이다. 현재의 고난은 미래의 성공을 위한 밑거름이 된다. 우리가 겪는 시련과 고통은 우리를 더 강하고 지혜롭게 만들어주는 소중한 경험이다. 힘든 과정을 견뎌내는 동안 우리는 성장하고 발전하며, 그 과정에서 얻은 교훈은 앞으로의 삶에 큰 자산이 될 것이다.

그러므로 지금 당장 힘들고 고되더라도 희망을 잃지 말자. 우리의 끈기와 노력이 헛되지 않을 것이라는 믿음을 가지고, 조금만 더 힘을 내어 전진해 나가자. 그렇게 한 걸음 한 걸음 나아갈 때, 우리는 반드시 더 밝고 풍요로운 미래를 맞이하게 될 것이다. 지금의 고난을 이겨낸 우리에게는 더 큰 기쁨과 보람이 기다리고 있을 것이다.

어떤 고난도 결국 지나가며 인내와 노력은 반드시 우리의 삶에 의미 있는 변화를 가져온다. 어려움을 딛고 일어서는 그 순간이 우리를 더욱 강하게 만들고 미래의 빛나는 성취를 위한 디딤돌이 될 것이다.

쓸 고: 苦, 다할 진: 盡, 달 감: 甘, 올 래: 來

무익한 걱정에서 벗어나기

◎ 기인지우 杞人之憂
쓸데없는 군걱정, 헛걱정, 무익(無益)한 근심을 말함.

　걱정하지 않아도 될 일을 걱정하며 스스로 깊은 수렁에 빠지는 사람이 있다.

　걱정하는 것이 무조건 나쁘다는 뜻은 아니다. 다만 하지 않아도 될 걱정은 하지 않는 것이 좋다는 말이다. 하늘이 무너지지도 않는데 하늘이 무너질 걱정을 하는 것은 미련한 짓이다. 이를 우리는 '기우(杞憂)'라고 부른다. 걱정은 또 다른 걱정을 불러온다. "걱정해서 걱정할 것이 없다면 걱정이 없겠네."라는 말도 있지 않은가. 혼자서 전전긍긍

한다고 해서 문제는 해결되지 않는다. 무엇이든 너무 깊이 생각하지 말자. 건강이 걱정된다면 영양제를 챙겨 먹고, 건강검진을 받으며, 건강을 해치는 행동을 피하면 된다.

근본적인 문제가 해결되지 않는다면 고민이나 걱정은 사라지지 않는다. 그 끝은 없다는 뜻이다. 끝없는 걱정은 꼬리에 꼬리를 물어 결국 나를 깊은 걱정의 늪으로 빠뜨릴 것이다. 걱정은 부정적인 사고를 불러온다. 걱정이 많은 사람은 아무리 좋은 이야기를 들어도 그것을 있는 그대로 받아들이지 않는다. 한 번 꼬아서 생각하거나 아예 그 말을 차단하기도 한다. 쓸데없는 걱정은 백해무익하다. 아무런 도움이 되지 않는다는 말이다. 그러니 걱정은 그만하고 이제는 몸으로 부딪치며 문제를 해결하려고 노력해보자. 그리고 긍정적인 생각과 에너지로 좀 더 건강한 삶을 살기 위해 힘쓰자.

나라 이름 기: 杞, 사람 인: 人, 갈지: 之, 근심 우: 憂

많은 것이 꼭 좋은 것만은 아니다

◎ 다다익선 多多益善
많으면 많을수록 더욱 좋음.

중국 한(漢)나라의 장수 한신이 고조(高祖)와 장수의 역량에 관하여 얘기할 때, 고조는 10만 정도의 병사를 지휘할 수 있는 그릇이지만, 자신은 병사의 수가 많을수록 잘 지휘할 수 있다고 한 말에서 유래한다.

무엇이든 많으면 많을수록 좋은 것은 사실일까? 가장 대표적인 예로 물질적인 풍요가 있다. 물질이 많아질수록 마음에 여유가 생기고 그로 인해 삶이 풍요로워진다는 생각이다. 또한 능력이나 재능도 많으면 많을수록 좋지 않은가? 겉으로 보기에는 그렇게 생각될 것이다. 하지만 아무리 다다익선이라 할지라도, 무조건 욕심을 내어 많이 가지려 한다면 오히려 화를 부를 수 있다. 욕심이 지나치면 결국 독이 되기 때문이다. 게다가 가진 것이 많을수록 불안한 마음을 품고 사는 사람들도 있다.

　이런 사람들은 보통 잃는 것을 극도로 두려워하여, 자신이 가진 것들을 어떻게든 지키려고 안간힘을 쓴다. 이 경우에는 오히려 마음의 여유가 사라지고, 속이 좁아지게 된다. 이는 인간의 욕심에서 비롯된 행동이라고 볼 수 있다. 여러 가지 의미에서 보면 많이 갖는 것이 나쁜 것만은 아니지만, 한 번쯤은 내가 너무 많은 것을 가지려 하는 것은 아닌지 생각해볼 필요가 있다. 명심할 것은 다다익선 뒤에는 반드시 과유불급이 따라온다는 점이다.

많을 다: 多, 많을 다: 多, 더할 익: 益, 좋을 선: 善

따뜻함을 담은 다정함

◎ 다정다감 多情多感
정이 많고 감정이 풍부함.

    유난히 다정하고 정이 많은 사람이 있다. 그런 사람들은 기본적으로 그런 성품을 타고났다고 볼 수 있다. 말 한 마디에도 배려가 담겨 있고, 친절이 넘쳐나는 사람. 하지만 그 다정함이 과하지 않아 부담스럽지 않은 사람. 우리는 그런 사람들에게 매력을 느낀다. 내가 만난 다정한 사람들은 대부분 자신이 어느 부분에서 어떻게 행동해야 사람들에게 좋은 인상을 남길 수 있는지 잘 아는 사람들이었다. 그들의 다정함은 억지스럽지 않고 언제나 따뜻함을 함께 전해주었다.

　나도 그런 사람이 되고자 했다. 누구에게나 다정하지만, 너무 과하지 않고 적당함을 유지하며 사람들을 대할 줄 아는 사람. 그런 모습이 너무 매력적이어서 어딜 가든 사람들이 따르는 그런 사람. 이것은 비단 나뿐만 아니라 우리가 모두 되고 싶은 사람이 아닐까 싶다. 진정한 다정함은 상대방을 배려하고 존중하는 마음에서 비롯된다. 과하지 않으면서도 따뜻한 마음으로 사람들을 대할 줄 아는 능력은 우리 모두가 추구해야 할 아름다운 덕목이다. 작은 배려와 친절이 모여 세상을 더 따뜻하게 만들 수 있다는 것을 잊지 말자.

多感

많을 다: 多, 뜻 정: 情, 많을 다: 多, 느낄 감: 感

말없이 피어나는 덕의 향기

◎ 도리불언 하자성혜 桃李不言 下自成蹊
복숭아나 오얏은 아무 말을 하지 않지만, 그 아래로는 저절로 길이 남.
즉 뛰어난 인격을 갖춘 사람 주위에는 많은 사람들이 모여 명성이 높아진다는 뜻.

　좋은 사람 곁에는 좋은 사람이 있기 마련이다. 바른 마음가짐을 가진 사람은 말하지 않아도 알아본다. 그런 사람들 곁에는 그에 맞는 비슷한 사람들이 있고 저절로 곁에 머무르게 된다. 구태여 티를 내지 않아도 선함이 보이는 사람이 있다. 인간 자체가 워낙 선해서 어떨 때는 향기까지 나는 것 같은 그런 사람, 항상 그런 사람을 주변에 두도록 하자. 그리고 내가 그런 사람이 되어 주변 사람들에게 선한 영향력을 끼쳐보도록 하자. 덕이 있는 사람은 어련히 사람들이 알아보기에 고독할 일이 없게 된다. 그런 사람은 사랑으로 살아간다는 말이 딱 어울리는 사람이기도 하다. 백 척의 바위틈에도 꽃이 피고 그 꽃이 향기가 나면 나비와 벌이 알아서 찾아온다는 말이 있다. 내면의 아름다움은 겉으로도 티가 나기 마련. 어디에 있든 사람들이 찾아줄 것이고 사랑을 줄 것이다. 그러니까 사랑을 받을 자격이 있는 사람이 당연히 받고 그 사랑을 다른 이에게도 나눠 줄 수 있다.

　　그렇다면 우리는 앞으로 어떻게 살아야 하는지 알 것 같지 않은가? 그렇다. 좋은 사람이 되어 좋은 사람들과 함께 살아가는 것 그것이 우리가 해야 할 일이다. 또한, 긍정적인 마음가짐으로 살아가도록 해야 할 것이다. 부정적인 기운과 마음가짐을 가진 사람은 그런 일만 생기고 긍정적인 사고와 마음가짐을 가진 사람은 좋은 일들만 가득한 삶을 살아간다. 그리고 주변 사람들에게 부정적인 기운보다는 긍정적 기운을 나누어 주는 사람이 되어야만 나에게도 복이 돌아올 것이다.

복숭아 도: 桃, 오얏 리:李, 아닐 불: 不, 말씀 언: 言
아래 하:下, 스스로 자: 自, 이룰 성: 成, 좁은 길 혜: 蹊

끝없는 깨달음의 길

◎ 돈오점수 頓悟漸修
한 번의 깨달음으로는 절대 인생을 다 알지 못한다.

본디 인생이란 살아가면 갈수록 깨닫는 것이 많다. 한 번의 깨달음으로는 절대 인생을 다 알 수 없다. 우리가 살아가며 얻은 지혜만으로는 앞으로의 삶을 살아가는 데 충분하지 않다는 말이다. 살아가면서 더 많은 것을 깨닫게 될 것이고 그 깨달음을 통해 우리는 더욱 발전해나가게 된다. 인간이기에 모자란 것이 많다. 완벽한 사람은 없으며 누구나 각자만의 부족함을 안고 살아간다. 중요한 것은 그 부족함을 알고 그것을 채우기 위해 노력하는 것이다. 그렇게 노력한다면 그것만으로도 완벽한 인간에 가까워진다고 할 수 있다.

그러니까 한 번의 깨달음에 만족하는 삶보다는 두 번, 세 번의 반복을 통해 좀 더 발전하는 삶을 살자는 말이다. 인생은 끝없는 배움의 연속이며 반복된 깨달음이 우리의 성장을 이끈다. 부족함을 인정하고 이를 보완하기 위한 노력은 진정한 발전으로 이어진다. 그러므로 매 순간의 경험을 통해 얻는 지혜를 소중히 여기고 계속해서 성장하는 삶을 추구하도록 하자.

조아릴 돈: 頓, 깨달을 오: 悟, 정진할 점: 漸, 닦을 수: 修

끝없는 노력의 여정

○ 마부작침 摩斧作針
도끼를 갈아 바늘을 만들다.

　불가능해 보이는 것도 포기하지 않고 끝까지 해낸다는 의미다. 세상에 쉬운 일은 없다. 모든 일이 뜻대로 잘 풀리기는 쉽지 않다. 쉬운 일은 하면서도 큰 어려움을 느끼지 않기 때문에 포기하지 않고 끝까지 할 가능성이 크지만, 어려운 일은 아무리 해도 잘 풀리지 않고 나아가기가 힘이 들기 때문에 포기하는 경우가 많다. 글을 쓰는 일이 그렇다. 생각처럼 잘 풀리지 않는 일이다. 처음에는 가벼운 마음으로 시작해 재미있게 쓰지만 쓰는 글이 점점 늘

어나고 내 글을 기다리는 사람들이 늘어날수록 욕심을 부리게 된다. 하지만 아무리 욕심을 내서 한다고 해도 내가 노력하는 만큼 일이 잘 풀리지 않아서 힘에 겨울 때가 많다. 그래도 나는 포기하지 않았다.

그렇게 7년이라는 세월을 글을 쓰다 보니 이제는 어느 정도 체념을 하게 된 것 같다. 숫자에 연연하지 않고 글을 쓰는 법을 배우고 있다는 말이다. 물론 완전한 체념을 하기는 힘이 들 것이다. 앞으로도 나는 은연중 신경을 쓰고 다른 사람과 나를 비교하며 지낼 것이다. 하지만 그렇다 할지라도 그것 때문에 무너지거나 포기는 하지 않을 예정이다. 내 글이 마이너한 글이라는 생각을 안 하는 것이 아니다. 특히 고사성어, 사자성어, 불교 관련 글, 동양철학 같은 경우에는 많은 사람의 관심을 끌기에는 부족한 부분이 많다. 좋아하는 사람은 좋아하겠지만 사실 별 흥미를 느끼지 않는 사람들이 더 많다. 그래도 나는 포기하지 않고 끝까지 이 여정을 이어나갈 것이다. 좀 더 교훈이 있는 내용을 많이 쓰고 싶고 다양한 사람이 동양철학도 불교

사상 그리고 사자성어에 관심을 둘 수 있도록 노력하고
싶은 마음이다.

문지를 마: 摩, 도끼 부: 斧, 지을 작: 作, 바늘 침: 針

거절의 용기와 필요성

◉ 일언지하 一言之下

한 마디로 잘라 말함. 또는 두말할 나위 없음.

    거절에도 용기가 필요한 사람들이 있다. 다른 사람의 부탁을 쉽게 거절하지 못하는 사람은 그런 상황이 닥칠 때마다 상당히 난감해한다. 무슨 말을 어떻게 해야 할지 고민하다 결국 그 말을 차마 꺼내지 못해 부탁을 들어주는 상황으로 이어지곤 한다. 그러나 거절하지 못하면 언제든 문제가 생기기 마련이다. 하지 못하는 일을 억지로 하는 것은 먹지 못하는 음식을 억지로 먹는 것과 같다. 결국 탈이 날 수밖에 없다는 말이다.

일상의 진리, 고전에서 배우다

거절은 우리 삶에 꼭 필요한 행동이다. 거절을 잘하는 것은 현명함을 의미하며, 올바른 방식으로 상대방의 기분을 상하지 않게 거절하는 것은 그 사람의 능력이다. 때로는 "미안하지만, 그 부탁은 들어줄 수 없어."라는 단호한 거절이 필요하다. 그런 순간이 오면 고민하지 말고 거절하라. 거절은 나만을 위한 행동이 아니다. 나와 상대, 둘 모두를 위한 행동이다. 또한, 누군가의 마음을 거절하는 것도 중요한 행동이다. 상대방의 관심이 부담스럽거나 그 마음을 받아들일 수 없다면 지체하지 말고 솔직하게 거절하길 바란다. 계속해서 마음을 받으면서 거절의 의사를 밝히지 않는 것은 오히려 상대방에게 여지를 주는 것과 같기 때문이다. 우리 모두 어렵더라도 적절한 때에 올바른 방식으로 "아니요."를 말할 수 있는 사람이 되자.

한 일: 一, 말씀 언: 言, 갈 지: 之, 아래 하: 下

사랑은 말해야 한다

◉ 옥오지애 屋烏之愛
한 사람을 사랑하면 그가 사는 집 지붕 위의 까마귀까지 귀엽다는 뜻.

   이 사자성어는 사람을 사랑하는 마음은 그 사람의 주위 것까지도 미침을 이른다. 우리나라의 속담에 아내가 귀여우면 처갓집 말뚝 보고도 절을 한다와 뜻이 같다. 사람은 무엇이든 표현하고 살아야 한다. 사랑하는 감정도 그렇다. 혼자 생각하고 있으면 상대방은 알 수 없다. 내가 사랑하니까 당연히 알아줄 거라고 하는 마음을 버려야 한다는 말이다. 말해주지 않으면서 알아주길 바라는 것은 너무 이기적인 행동이라고 생각한다.

무엇이든 표현하고 살도록 하자. 내가 너를 얼마나 사랑하는지 내가 너를 위해 얼마나 노력하는지 눈에 보이도록 이야기하고 행동하도록 하자. 내가 사랑하는 사람이 사랑받을 줄 아는 사람이 되어 어디서든 행복할 수 있도록 마음껏 사랑을 표현하고 살아가자. 사랑은 그 자체로 아름다운 감정이지만 표현하지 않으면 상대방에게 전달되지 않는다. 사랑하는 마음을 솔직하게 드러내는 것이 진정한 사랑의 시작이며 이는 관계를 더욱 깊고 의미 있게 만들어준다. 서로에게 사랑을 표현함으로써 우리는 더욱 행복한 삶을 만들어 갈 수 있다는 것을 잊지 말자.

집 옥: 屋, 까마귀 오 烏, 갈 지: 之, 사랑 애: 愛

사자성어에서 배우는 삶의 지혜 1

구시화지문(口是禍之門) 입은 재앙을 불러들이는 문이 된다는 뜻.

각주구검(刻舟求劍) 변화하는 상황을 인식하지 못하고 고정관념에 사로잡힘.

경거망동(輕擧妄動) 가볍게 움직이고 망령되게 행동한다는 뜻.

과시욕(誇示慾) 자랑하거나 뽐내어 보이고 싶은 욕심.

과유불급(過猶不及) 정도를 지나침은 미치지 못함과 같다는 뜻.

과이불개(過而不改) 잘못하고도 고치지 않는 것.

기불가실 시부재래(機不可失 時不再來) 기회를 놓치지 말라, 때는 다시 오지 않는다.

고진감래(苦盡甘來) 고생 끝에 낙이 옴.

기인지우(杞人之憂) 쓸데없는 군걱정, 헛걱정, 무익(無益)한 근심을 말함.

다다익선(多多益善) 많으면 많을수록 더욱 좋음.

다정다감(多情多感) 정이 많고 감정이 풍부함.

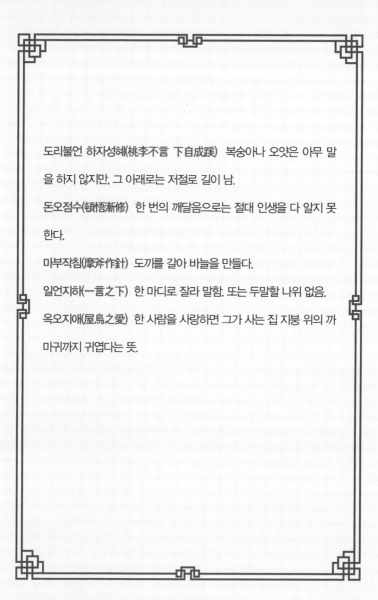

도리불언 하자성혜(桃李不言 下自成蹊) 복숭아나 오얏은 아무 말을 하지 않지만, 그 아래로는 저절로 길이 남.

돈오점수(頓悟漸修) 한 번의 깨달음으로는 절대 인생을 다 알지 못한다.

마부작침(摩斧作針) 도끼를 갈아 바늘을 만들다.

일언지하(一言之下) 한 마디로 잘라 말함. 또는 두말할 나위 없음.

옥오지애(屋烏之愛) 한 사람을 사랑하면 그가 사는 집 지붕 위의 까마귀까지 귀엽다는 뜻.

2장

일상 속 지혜를 담은 순간들

제목 : 성찰의 길(엄마와 이모)

휴전의 그림자 속 도발은 계속된다

◎ 명수죽백 名垂竹帛

이름이 죽간(竹簡)과 비단에 드리운다는 뜻.

"1950년 6월 25일." 그 시절을 살았던 모든 사람의 이름이 빛나지 않을까? 누가 뭐라 할 것도 없이 나라를 위해 싸웠던 분들, 내가 사랑하는 가족을 지키기 위해 싸워야 했던 분들, 두려움에 떨며 나갔던 전쟁터에서 가족을 그리워하며 처참한 최후를 맞이해야 했던 모든 분. 아마 이글을 적고 있는 지금의 나는 상상조차 하지 못할 두려운 감정이었을 것이다. 우리의 현재가 존재하는 것은 과거를 살아내신 분들 덕분이다. 과거에 그분들이 목숨을 걸고 지켜낸 나라에 우리가 살고 있다는 말이다. 사실 와 닿지 않는 사람들이 많을 것이다.

　그도 그럴 것이 지금 우리 시대에는 전쟁을 겪은 사람보다 겪지 않은 사람들이 더 많이 살아가고 있으니까. 하지만 분명한 것은 우리는 그런 아픈 역사를 가진 민족이라는 것이다. 그리고 그런 아픈 과거를 이겨내고 현재 새로운 역사를 여전히 써 내려가고 있는 작지만 강한 나라라는 것이다. 아직도 전쟁은 끝나지 않았다. 그저 휴전에 머물러 있을 뿐 언제 끝날지도 모르는 이 전쟁은 여전히 우리를 불안에 떨게 한다. 때마다 도발은 계속되고 있다. 목적이 가득한 도발은 유치하기도, 위험하기도 하다. 사는 게 바쁜 사람들은 그것을 몸으로 느끼지 못하지만, 경각심을 가져야 한다.

　전쟁은 언제든 다시 일어날 수 있다. 세계 곳곳에서는 여전히 전쟁으로 피해를 보고 있는 사람들이 많다. 그런 일이 우리에게 일어나지 않을 것이라는 보장은 없다는 말이다. 오늘 같은 날이라서 이런 글을 쓰지만, 때마다 우리는 생각해야 할 필요가 있다는 말이 하고 싶었다.

이름 명: 名, 드리울 수: 垂, 대 죽: 竹, 비단 백: 帛

서로의 생각을 존중하는 법

◎ 무불간섭 無不干涉

함부로 참견하고 간섭하지 않는 일이 없음.

모든 사람의 생각이 다를 수밖에 없다는 사실을 받아들이는 것은 인간관계에서 중요한 원칙 중 하나다. 우리는 각자 다른 환경에서 자라왔고, 다양한 경험을 통해 자신의 관점을 형성해왔다. 그래서 같은 상황에서도 다른 방식으로 느끼고 생각하는 것이 자연스러운 일이다. 중요한 것은 이러한 차이를 인정하고 존중하는 자세다.

내가 옳다고 믿는 생각이 누군가에게는 맞지 않을 수도 있고 반대로 내가 이해하지 못하는 생각이 그 사람에게는 충분히 타당할 수 있다. 이는 옳고 그름의 문제가 아니라 관점과 경험의 차이에서 오는 자연스러운 다양성이다. 그렇기에 남의 생각을 틀렸다고 비난하거나 자신의 생각을 강요하는 것은 불필요한 갈등을 초래할 뿐이다.

　내가 사랑이나 인생, 인간관계에 대한 글을 쓰는 이유도 이와 같다. 내 경험을 바탕으로 이야기를 나누는 것은 내 생각을 강요하려는 것이 아니라, 비슷한 상황에 있는 사람들에게 작은 위로를 전하기 위함이다. 글을 통해 공감을 얻고, 서로 다른 생각을 나누며 조금 더 넓은 시각을 가질 수 있기를 바라는 마음이다. 세상에는 다양한 의견과 시각이 존재한다는 것을 받아들이고 다른 생각에 대해 '이 사람은 나와 다르게 생각하는구나.' 하고 생각하며 넘어가는 태도가 필요하다. 굳이 상대방을 가르치려 하거나 그 생각이 틀렸다고 지적하는 것은 결국 더 큰 갈등을 불러일으킬 뿐이다. 우리는 서로 다른 생각을 존중하며, 서로를 이해하려고 노력하는 자세로 삶을 살아가야 한다.

없을 무: 無, 아닐 불: 不, 방패 간: 干, 건널 섭: 涉

내면과 외면의 조화

◎ 문질빈빈 文質彬彬

겉모양의 아름다움과 속내의 미가 서로 잘 어울린 모양.

質勝文則野 文勝質則史

질승문즉야 문승질즉사

文質彬彬 然後君子

문질빈빈 연후군자

— 공자(孔子)의 『논어』 중 「옹야(雍也)」편

　겉과 속의 진정한 조화 그것이 바로 진정한 아름다움이다. 인간은 내면과 외면의 적절한 조화가 필요하다. 행동과 말의 적당한 섞임이 있어야 그 사람이 더욱 빛나 보일 수 있다. 말이 너무 앞서서도 안 될 것이며 그렇다고 말을 너무 아껴서도 안 될 것이다. 내면에만 신경 쓰며 외면을 가꾸지 않는 것 또한 안 될 것이다. 무엇이든 적당히 하는 것이 중요하다.

　적당한 꾸밈은 이롭다. 너무 자신을 꾸밀 줄 모르는 사람은 결국에는 그것이 문제가 되기 마련이다. 꾸민다는 것이 꼭 겉치레를 이야기하는 것이 아니다. 내면의 나를 가꾸는 것 또한 나를 꾸미는 일이다. 그러니까 내면과 외면을 적절히 잘 가꾸어보도록 하자. 말하는 본새와 행동이 적당히 잘난 사람이 되어 좀 더 지혜롭게 살아보도록 하자. 진정한 아름다움은 내면과 외면의 조화에서 비롯된다. 우리의 말과 행동이 균형을 이루고 내면의 성장을 외면으로 드러낼 때 비로소 우리는 매력적인 존재가 될 수 있다. 적절한 꾸밈은 자신을 더욱 돋보이게 할 뿐만 아니라, 세상과의 관계를 더욱 풍요롭게 만들어준다는 것을 잊지 않고 살아가길 바란다.

글월 문: 文, 바탕 질: 質, 빛날 빈: 彬, 빛날 빈: 彬

내면의 공허함을 마주하다

◎ 미망설 迷妄說

모든 실재 세계가 공허하며 환각에 지나지 않는다는 학설.

　잃음의 공허함은 우리 삶에서 가장 깊은 상처를 남기는 감정 중 하나다. 무엇인가를 가졌을 때의 충만함과 기쁨은 그 자체로 너무도 아름답고 소중하지만 그것을 잃었을 때의 허탈함은 이루 말할 수 없이 잔인하다. 한때 나를 가득 채웠던 것들이 사라져버리고 이제는 그 텅 빈 공간을 안고 살아가야 한다는 사실은 지독한 외로움과 고독을 불러일으킨다.

마치 모든 것이 꿈이었던 것처럼 현실이 아닌 환상 속에 갇힌 느낌을 받을 때가 있다. 우리가 의지했던 것, 사랑했던 것, 기대했던 것들이 모두 신기루처럼 갑자기 사라져버렸을 때, 그 상실의 공허함은 끝도 없이 이어진다. 그것은 단순한 물리적 상실을 넘어 정신적, 감정적 상실까지 포함된 깊은 아픔이다.

이런 순간들 속에서 우리는 종종 자신을 의심하게 된다. 내가 너무 많은 기대를 했던 걸까? 이 모든 것이 환각에 불과했던 건 아닐까? 하는 생각들이 마음을 지배한다. 그럼에도 우리는 그 공허함을 끌어안고 살아가야만 한다. 잃음의 아픔은 사라지지 않지만, 그 안에서 새로운 의미를 찾아가는 과정이 우리를 더 깊고 단단한 존재로 만들어줄 것이다.

미혹할 미: 迷, 망령될 망: 妄, 말씀 설: 說

그리움이 남긴 빈자리

◎ 배권지모 杯棬之慕
'잔과 술잔을 그리워하다.'라는 뜻으로, 부모를 향한 자식의 깊은 그리움을 뜻함.

    배권지모는 우리가 일상 속에서 잊고 지내는 소중한 사람들에 대한 감정을 일깨워준다. 살아 있을 때는 그들이 베푸는 사랑과 희생을 당연하게 여기기 쉽지만, 그 사랑이 사라진 후에야 그 빈자리를 크게 느끼게 된다. 부모님이 차려주신 밥상, 부모님과 함께 나눈 대화, 사소한 행동까지도 결국 그리움의 대상이 된다. 잔과 술잔을 통해 부모님의 모습을 떠올리는 것은 그들이 남긴 흔적들 속에서 위로를 찾으려는 자식의 애틋한 마음을 잘 보여준다.

배권지모는 단순히 슬픔과 그리움에 대한 표현을 넘어서 부모님이 살아 계실 때 그들의 존재를 감사히 여기고 효를 다해야 한다는 중요한 교훈을 준다. 자식 된 도리는 부모님을 기쁘게 해드리고 그들의 마음을 편하게 해드리는 것이며 그들의 사랑에 대한 고마움을 잊지 않는 것이다. 하지만 현대사회에서는 바쁜 일상에 치여 부모님께 소홀해지기 쉽다. 그렇기에 이 성어는 우리에게 부모님의 은혜를 잊지 않고 가정의 중요성을 되새기게 한다.

우리는 자신의 삶을 살아가는 데 바쁘지만 배권지모의 교훈을 마음에 새기며, 지금 이 순간 부모님께 더 많은 관심과 사랑을 표현해야 할 필요가 있다. 훗날 술잔을 그리워할 때, 그 빈자리가 너무 크지 않도록 말이다.

잔 배: 杯, 나무 그릇 권: 棬, 갈 지: 之, 그릴 모 慕

행복은 가까운 곳에 있다

◎ 복경호우 福輕乎羽
복은 새의 날개보다 가볍다는 뜻으로, 자기 마음가짐을 어떻게 가지느냐에 따라
행복하게 된다는 말.

　행복해지는 방법 그거 별거 없다. 당신의 행복 기준을
조금 낮추면 되는 것이다. 흔한 말 중 하나가 행복은 멀리
있는 것이 아니고 늘 우리 곁에 있는 것이라는 말이다. 이
같이 행복은 늘 우리 곁에 있지만 대개는 그것을 알아채
지 못하고 더욱더 많은 것을 바라고 원하곤 한다. 하지만
잘 생각해보면 행복이라는 것의 기준치만 낮춘다면 우리
는 행복에 겨워 살 수 있다.

예를 들어보자. 평소 커피를 좋아하는 필자가 커피 마시는 것을 사소한 일상이라 생각하기보다는 사소한 것에서 오는 행복이라고 생각한다면? 그것이야말로 주변에서 쉽게 찾을 수 있는 행복이 아닐까? 그러니까 내 행복의 기준을 조금만 낮춘다면 우리는 내내 행복함을 만끽할 수 있다는 말이다. 행복은 대개 거창한 목표나 특별한 사건에 의존하지 않는다. 작은 것에서 오는 기쁨을 인정하고 소중히 여기는 마음이 진정한 행복을 가져온다. 그러므로 우리의 행복 기준을 낮추고 일상의 사소한 순간들을 즐기며 하루하루를 감사하게 살아가자. 그렇게 작은 행복들이 모여 큰 행복으로 이어질 것이다.

복 복: 福, 가벼울 경: 輕, 어조사 호: 乎, 깃 우: 羽

지나간 선택, 되돌릴 수 없는 길

◎ 복수불반분 覆水不返盆
한번 엎질러진 물은 다시는 주워 담을 수가 없는 법이라는 뜻.

"한번 헤어진 자는 다시 어울릴 수가 없는 법이야."

– 왕가의 『습유기(拾遺記)』 중

이미 엎질러진 물을 다시 담을 수 없다는 것은 모두가
알고 있는 사실이다. 이러한 경우는 사랑하는 사이도 마
찬가지다. 상처 되는 말을 내뱉거나 하지 말아야 할 행동
을 한다거나 용서받지 못할 짓을 한다거나 하는 것들. 그

러니까 결국에는 후회하게 되는 행동들을 하고선 뒤늦은 용서를 바라는 어리석은 짓들을 말한다. 그런 행동으로 떠나간 사랑을 되돌리려 갖은 애를 쓰는 것만큼 어리석고 멍청한 짓은 없다.

떠나간 버스는 돌아오지 않는다는 것도 비슷한 의미라고 보면 되겠다. 어떤 이유로 헤어졌든 간에 이미 떠난 사람의 마음을 돌리는 것은 쉽지 않다. 돌렸다고 할지라도 대부분 같은 이유로 또 헤어지게 된다. 그래서 사람은 있을 때 잘해야 한다. 곁에 있을 때 온 힘을 다하고 서로에게 상처 될 만한 행동을 하지 말아야 한다는 것. 물론 늘 그렇게 지낼 수는 없겠지만, 노력은 할 수 있으니까 사랑한다면 온 힘을 다해 사랑하는 이를 아껴주고 이해하고 무한한 사랑을 표현하도록 하자. 매사 말을 조심하며 내가 싫어하는 행동과 말은 상대에게도 하지 않도록 하자.

내가 아픈 게 싫은 것처럼 상대방도 당연히 아픈 게 싫을 것이므로 내가 상처받는 게 싫다면 나도 상대방에게 상처를 주면 안 된다는 것을 명심하도록 하자.

다시 복: 覆, 물 수: 水, 아닐 불: 不, 돌이킬 반: 返, 동이 분: 盆

자신의 의지를 지키는 삶

◉ 부화뇌동 附和雷同
자신의 주관 없이 남이 하는 대로 따라 하는 행동을 말한다.

　사람은 자신이 주체가 되는 삶을 살아야 한다. 그래야
만 인생의 항로에서 길을 잃지 않고 도착지를 향해 나아
갈 수 있다. 살아가다 보면 자신의 주관 없이 남들이 하라
는 대로 인생을 살아가는 사람들을 더러 볼 수 있다. 주관
과 의지를 잃고 살아가는 사람들은 결국 자신의 가치관이
무엇인지도 모르고 살아가게 된다. 이들은 자신의 인생
계획조차 세우지 못하고, 목표도 제대로 설정하지 못할
것이다. 목표를 세운다고 할지라도 그것은 자신의 의지로

세운 것이 아니라 누군가의 목표를 그대로 따라 했을 가능성이 높다. 결국에는 몸은 나의 것이지만 영혼은 나의 것이 아니게 되는 것이다. 세상에 태어나 내 인생 하나 내 마음대로 살지 못한다면, 도대체 사는 게 무슨 의미가 있을까?

스스로 자신의 인생을 그렇게 만드는 사람도 있지만, 다른 사람 때문에 서서히 부화뇌동하는 때도 있다. 예를 들어, 가스라이팅을 당하는 사람은 자신의 의지가 점점 사라지게 되고, 결국에는 상대방에게 잠식당하고 만다. 그러므로 어떤 사람의 바닷속으로 침몰하게 되는 것이다. 우리는 그런 삶을 살지 말아야 한다. 절대로 누군가에게 의지하며 살거나 내 의지와 주관을 잃고 살아가는 삶은 살지 않도록 하자는 것이다. 내 소신과 주관을 지키며 나를 사랑하는 삶을 살도록 하자. 내 인생의 주인은 내가 되어야 하고 내 세상의 중심 또한 내가 되어야 한다. 그것을 다른 이에게 내어주어서는 안 된다.

본인 삶의 주인공은 본인이 되어야 한다는 것을 반드시 명심하길 바란다.

붙을 부: 附, 화할 화: 和, 우레 뇌(뢰) 雷, 한 가지 동: 同

갈라진 관계의 회복

◎ 사분오열 四分五裂
여러 갈래로 갈기갈기 찢어짐.

    사분오열은 우리가 감정적으로나 상황적으로 큰 충격을 받았을 때, 그 마음이 여러 조각으로 나뉘어져 무너져 내리는 것처럼 느낄 때 자주 쓰인다. 인생에서 우리는 예기치 않은 상처, 관계의 단절, 혹은 스스로의 선택이 불러온 혼란 속에서 깊은 감정적 파편화를 경험하게 된다. 사소한 다툼이나 오해가 큰 갈등으로 번질 때도, 혹은 삶의 큰 전환점에서 예상치 못한 선택의 결과에 직면할 때, 마음은 마치 수없이 찢겨나가는 듯한 고통을 동반한다.

사분오열된 상태에 빠지면 감정과 생각이 뒤엉켜서 쉽게 정리되지 않는다. 이로 인해 우리는 마음의 방향을 잃고 어떻게 앞으로 나아가야 할지 고민하게 된다. 혼란 속에서는 분노가 쌓이고 억울함이 밀려오며 슬픔이 끝없는 파도처럼 밀려와 우리를 흔든다. 이런 감정적 소용돌이는 우리의 마음을 더 깊은 혼란 속으로 빠뜨리고 주변 상황조차 제대로 바라볼 수 없게 만든다. 무엇보다 이런 감정 상태는 스스로를 더 상처 입히고, 상황을 더욱 복잡하게 만드는 악순환을 불러일으키기 쉽다.

그러나 아무리 사분오열된 마음일지라도 그 조각들을 하나씩 모아가는 과정은 우리를 더 강하게 만든다. 상처를 받았을 때는 그 고통이 끝나지 않을 것처럼 느껴지지만, 그 상처를 돌아보고 치유하는 시간을 갖는다면 우리는 다시금 균형을 되찾을 수 있다. 시간이 흐르면서 감정의 갈래들을 하나로 묶어가는 과정은 결코 쉽지 않지만, 그 과정을 통해 우리는 더 성숙하고 단단한 자신을 발견할 수 있다. 마치 갈기갈기 찢어진 천을 한 땀 한 땀 꿰매

어 다시금 옷을 만들어가듯 상처 입은 마음도 결국 치유되고 하나로 이어질 수 있다.

결국 중요한 것은 이 과정에서 교훈을 얻고 자신을 다시 세워나가는 힘을 기르는 것이다. 마음이 무너질 때는 당연히 좌절하고 아파할 수 있다. 하지만 그 순간에 머물러 있는 것이 아니라, 아픔을 딛고 일어서는 것이 우리에게 주어진 과제다. 상처는 우리의 삶을 시험하지만, 그 상처를 극복해나가는 과정에서 우리는 더 깊은 내면의 힘을 얻게 된다.

여러 갈래로 나누어진 마음을 마주했을 때 더 이상 그 혼란에 휩쓸리지 않고, 조각난 마음을 하나씩 모아가며 끝내는 단단한 자신으로 거듭나길 바란다. 때로는 시간이 필요할 수 있지만, 그 시간 속에서 우리는 스스로를 치유하고 더 성숙한 인생을 살아갈 수 있는 용기를 갖게 된다. 사분오열은 끝이 아니라 새로운 시작을 위한 준비 단계일 뿐이라는 것을 잊지 말고 기억하자.

일상의 진리, 고전에서 배우다

넉 사: 四, 나눌 분: 分, 다섯 오: 五, 찢을 렬(열): 裂

2장 일상 속 지혜를 담은 순간들

인내와 노력의 힘

◎ 산류천석 山溜穿石

산에서 끊임없이 흐르는 물이 바위를 뚫는다.

　물방울도 바위를 뚫을 수 있다. 계속해서 한곳에만 떨어진다면 언젠가는 작은 구멍이라도 만들 수 있다. 노력하면 안 되는 것은 없다. 적은 노력이라도 끊임없이 하다 보면 큰 꿈을 이룰 수 있다. 결국 포기하지만 않는다면 우리는 무엇이든 해낼 수 있는 사람이라는 것이다. 꾸준함이 관건이다. 꾸준하게 진득하게 이루고자 하는 목표가 있다면 느려도 괜찮으니 멈추지 말고 계속 나아가면 되는 것. 그러니까 우리 끝까지 노력해보자. 지금 당장 이렇다 할 결과물이 없더라도 말이다. 지금 내 눈앞에 확인된 것이 없다 할지라도 당신이 무언가를 시작했다는 것부터가 이미 그것을 위한 1단계를 통과한 것이니 다음 단계를 향해 걸어 나가보자.

의심하지 말자. 의문은 가질 수 있다지만 의심은 하지 말자. '내가 할 수 있을까?'라든가 '내가 하는 것이 맞을까? 지금 내가 똑바로 가고 있는 것이 맞나?' 하는 의심. 물론 자신에게 질문은 할 수 있다. '지금 내가 원하는 것이 진심으로 내가 하고자 하는 일이 맞는가?' 하는 질문은 할 수 있지만 '내가 이렇게 해서 과연 할 수 있나? 남들은 다 결과물을 내보이는데 나는 왜 이것밖에 되지 않는가?' 하며 자신을 평가하고 남들과 비교하지 말자. 부족하다고 느낄 수 있다. 하지만 알다시피 모든 사람이 완벽할 수는 없다. 모든 일을 완벽하게 해내는 사람은 드물다. 조금 부족해도 꾸준함을 보이자. 조금은 모자라도 괜찮다. 빈틈이 있다는 것은 곧 그것을 채울 수도 있다는 것이니 우리 한번 해보자. 지금 마음먹은 일을 포기하지 말고 끝까지 해보자.

뫼 산: 山, 낙숫물 류: 溜, 뚫을 천: 穿, 돌 석: 石

신중한 발언의 중요성

☞ 삼사일언 三思一言

한 번 말할 때마다 세 번 이상 생각을 해라.

　말을 하기 전에 세 번은 생각하고 말을 하자. 말이 입 밖으로 나와 금방 소멸하는 것이라 할지라도 듣는 사람이 있다. 형체는 없지만, 그 무게는 존재한다. 입에서 나오는 말이 전부가 아니라는 말은 오물을 뱉는 사람들이 있다는 뜻이다. 요즘 세상이 할 말을 다 하고 사는 세상이라고 하더라도 그게 아무 말이나 내뱉고 살아도 되는 세상이 되지는 않을 것이다. 당연히 그렇지 않다.

솔직함과 무례함은 구별해야 한다. 누구나 하고 싶은 말을 하지 못해 안 하고 사는 것이 아니다. 말은 그 사람의 명함이자 얼굴이다. 본인을 가장 잘 드러내는 수단이라는 것이다. 그래서 우리는 조심하고 가려가며 말해야 한다. 쿨병에 걸려 '나는 자유롭게 내 의사를 표현하고 사는 쿨한 사람이다.'라는 생각은 제발 하지 말자. 그런 것은 쿨함이 아니라 무식함일 뿐이며, 본인만 모르는 사실이다. 알 만한 사람은 다 아는 것을 정작 그 본인만 모르고 산다는 것이다. 대개 그런 사람들은 본인의 모습에 취해 살아가는 경우가 많다. 정말이다. 주위를 둘러보라. 그런 사람들은 아주 많이 있을 것이다. 그들을 위한 사자성어를 적으며 글을 마치겠다.

경이무례(輕而無禮)
경망하여 예의가 없음을 뜻하는 말.

포만무례(暴慢無禮)
하는 짓이 사납고 거만하며 무례함을 뜻함.

오만무례(午慢無禮)

태도나 행동이 건방지거나 거만하여 예의를 지키지

아니함.

피립기좌(跛立箕坐)

한 발로 서거나 다리를 뻗고 앉는다는 뜻으로, 무례

하고 건방진 태도를 이르는 말.

석 삼: 三, 생각 사: 思, 한 일: 一, 말씀 언: 言

비움의 철학으로 사는 법

◉ 색즉시공공즉시색 色卽是空空卽是色
색이 공과 다르지 않고 공이 색과 다르지 않으며.
색이 곧 공이요, 공이 곧 색이다.

사리자여, 색이 공과 다르지 않고 공은 색과 다르지
않다.

– 『반야바라밀다심경(般若波羅蜜多心經)』 중

이 세상의 모든 유형한 것들의 본질은 결국 다 공이다.

여기서 공이 뜻하는 것은 겉모습으로는 존재하나 실체
는 아무것도 없다는 뜻이다. 혹자는 무와 공을 헷갈려도

하지만 그것들은 전혀 다른 의미를 하고 있다. 공(空)과 무(無), 공은 앞서 말한 것과 같이 존재하는 것처럼 보이나 존재하지 않는 것, 무는 애초에 아무것도 존재하지도 않는 것을 뜻한다.

그렇다면 색즉시공의 진정한 의미는 무엇일까? 색은 공한 것이다. 말 그대로 색(色) 물질로 이루어진 몸은 공(空) 실체는 아무것도 없는 것이라는 뜻이다. 예컨대 공갈빵처럼 겉모습은 존재하나 그 속이 텅텅 빈 것으로 생각하면 된다. 더 깊이 들어가 살펴보자면 실체가 없는 모든 것에 집착하지 말라는 말이다. 하지만 그렇다고 해서 공을 절대화해서는 안 될 것이다. 우리의 인생에는 공과 유의 적절한 조화가 필요하다. 공이란 것에도 너무 집착하지 말고 유에도 너무 집착하지 말자는 것. 뭐든 집착하게 되는 순간 괴로움이 되니, 무언가 한 가지에 집착하게 되면 다른 것에 편견을 가지게 된다. 그런 마음을 가지지 않기 위해서는 뭐든지 적당히가 필요하다.

우리는 공의 철학을 배우고 실천할 필요가 있다. 공의 철학이란 즉 비움의 철학이라고도 하는데 고통의 원인이 되고 있는 집착을 제거하고 행복한 삶을 살기 위한 철학을 뜻한다. 잘 생각해보라. 내가 지금 괴로운 이유가 무엇인가? 누구는 사람에 집착해서 누구는 꿈에 집착해서, 누구는 돈에 집착해서, 또 누구는 명예에 집착해서 그 모든 것들이 인간에게 괴로움을 주고 있는 것이다. 돈, 명예, 자리 나아가서는 우리의 몸까지 어차피 다 사라질 것들이다. 영원하지 않다는 말이다. 이 모든 것들은 있다가도 없는 것이고 없다가도 있는 것이니 그 존재에 너무 집착하지 말고 살도록 하자. 오늘부터 하나씩 비워보자. 집착하며 욕심냈던 마음을 비우고 조금은 마음 편하게 살아보자는 말이다.

빛 색: 色, 곧 즉: 卽, 이 시: 是, 빌 공: 空
빌 공: 空, 곧 즉: 卽, 이 시: 是, 빛 색: 色

작은 것에 만족하는 삶

⊙ 소욕지족 少欲知足
만족할 줄 모르는 사람.

　석가가 열반에 들기 전의 광경을 담은 불경인 불유교경
에는 소욕지족이라는 말이 나온다. 이는 작은 것에 만족할
줄 알라는 의미이다. 우리는 가끔 너무 욕심을 내다가 탈
이 나는 경우가 있다. 작고 사소한 것에 만족하지 못하고
더 많은 것을 욕심내는 마음이 화를 불러오기 때문이다.

　작은 것에 만족하는 삶을 산다면 모든 일이 행복해진
다. 내가 생각하는 기준을 조금 낮춘다면 우리는 살아가

는 내내 행복할 수 있다. 우리는 "고작 이것밖에"라는 마음보다 "우와 이렇게나 많이?"라는 마음가짐을 가져야 한다. 너무 많은 것을 바라지 말자. 기대가 크면 실망도 큰 법이다. 작은 마음으로 큰 행복을 얻는 방법은 소욕지족하는 마음을 가지고 살아가는 것임을 마음에 새기고 살아갈 필요가 있다. 작은 것에 대한 만족은 우리의 마음을 평온하게 하고, 삶의 질을 높여준다. 소욕지족의 마음가짐을 통해 우리는 더 큰 행복을 누릴 수 있으며 이는 궁극적으로 우리의 삶을 더욱 풍요롭게 만든다. 그러므로 일상의 소소한 기쁨을 소중히 여기고 욕심을 내려놓음으로써 진정한 행복을 찾아가자.

적을 소: 少, 하고자 할 욕: 欲, 알 지: 知, 발 족: 足

마음의 올바른 사용법

선용기심 善用其心
마음을 잘 사용하라.

선용기심은 불교에서 깨달음을 얻는 과정인 마음을 바르게 보고 그것을 잘 활용하는 것과 깊은 연관이 있다. 이를 통해 우리는 진정한 자아를 발견하고 고통에서 벗어나 참된 평화를 찾을 수 있다.

옛날 어느 작은 마을에 한 스님이 있었다. 그 스님은 늘 조용히 앉아 명상을 하며 마음의 평안을 찾고자 했다. 마을 사람들은 그 스님의 지혜를 존경하여 종종 찾아와 조언을 구했다. 어느 날, 한 젊은이가 스님을 찾아와 물었다. "스님 저는 마음이 너무 불안하고 걱정이 많습니다. 어떻게 해야 이 불안을 잠재우고 깨달음을 얻을 수 있을까요?"

스님은 미소를 지으며 대답했다. "젊은이여 선용기심이 무엇인지 알고 있는가? 그것은 바로 너의 마음을 잘 사용하는 것이다. 마음은 거울과 같아, 네가 무엇을 비추느냐에 따라 모습이 달라진다. 불안과 걱정을 비추면 마음도 불안해지고, 평화와 자비를 비추면 마음도 평안해진다."

젊은이는 고개를 끄덕이며 물었다. "그러면 저는 어떻게 제 마음을 잘 사용할 수 있을까요?"

스님은 조용히 앉아 명상하는 자세를 취하며 말했다. "먼저 마음을 가만히 들여다보아라. 네가 지금 무엇을 느끼고 있는지 무엇이 너를 괴롭히는지 알아차려라. 그리고 그 감정들을 있는 그대로 받아들여라. 피하려 하지 말고 싸우려 하지 말고 그냥 바라보아라."

젊은이는 스님의 말대로 마음을 들여다보았다. 처음에는 불안과 걱정이 더 크게 느껴졌지만, 점차 그 감정들이 조금씩 가라앉기 시작했다. 스님은 다시 말했다. "네가 그 감정을 받아들였으니, 이제는 너의 마음을 자비와 사랑으로 채워라. 주변 사람들에게 친절을 베풀고, 감사하는 마음을 가져라. 그러면 네 마음도 차츰 평안해질 것이다."

젊은이는 스님의 조언을 따르기로 결심했다. 그는 매일 명상하며 자신의 마음을 들여다보고, 주변 사람들에게 친절을 베풀며 감사하는 마음을 가지려 노력했다. 시간이 지나면서 그의 마음은 점차 평안해지고, 걱정과 불안도 사라졌다.

이렇게 젊은이는 선용기심을 통해 자신의 마음을 잘 사용하며 깨달음을 얻을 수 있었다. 그의 마음은 더 이상 불안과 걱정으로 가득 차 있지 않았고, 대신 평화와 자비로 가득 차게 되었다. 이 이야기는 우리의 마음을 어떻게 사용하느냐에 따라 우리의 삶이 달라질 수 있음을 보여준다. 마음을 잘 사용하여 깨달음을 얻고, 평화로운 삶을 살기 위해 노력하는 것이야말로 진정한 불교의 가르침이라 할 수 있다.

착할 선: 善, 쓸 용: 用, 그 기: 其, 마음 심: 心

인간 심리의 복잡함

수심가지 인심난지 水深可知 人心難知
물의 깊이는 알 수 있으나, 사람의 속마음은 헤아리기 어렵다는 말.

　물속의 수심은 알 수 있어도 사람 속은 알지 못한다. 누군가가 어떤 마음을 가졌는지는 쉽게 파악할 수 없다는 말이다. 나는 저 사람의 마음을 다 안다고 착각을 하기는 쉽다. 그러나 그것은 말 그대로 착각일 뿐이다. 쉽게 생각해보면 그렇다. 본인은 본인 마음을 다 안다고 생각하는가? 때로는 내 마음조차도 제대로 알지 못할 때가 있다. 그런데 다른 이의 마음을 알면 얼마나 알겠는가?

상대방도 내 마음을 다 알지 못한다. 그러니까 나도 너를 모르고 너도 나를 모른다는 마음으로 인간관계를 맺어야 한다는 이야기다. 그렇게 생각한다면 내 마음을 몰라주는 것에 대한 섭섭함이 조금 줄어들 것이다. 마음은 투명한 것이 아니다. 말하지 않으면 알기 어려운 것이고 말을 한다 하더라도 그것을 100% 다 이해하거나 믿을 수 있는 것이 아니다.

사람은 다 겪어봐야 아는 법이다. 겉모습만으로 그 사람을 판단하는 것은 어렵다. 그러니까 그런 생각의 오류로 인해 인간관계에서 상처받지 말고 우리 한발 물러서서 생각하자. 모든 사람에게 접근하는 방식을 "안다."에서 "잘 모른다."로 바꿔보도록 하자는 말이다. 그렇게 한다면 내가 상처받는 일도 남에게 상처를 주는 일도 줄어들 것이다.

물 수: 水, 깊을 심: 深, 옳을 가: 可, 알 지: 知
사람 인:人, 마음 심: 心, 어려울 난: 難, 알 지: 知

주체적인 삶을 살라

※ 수처작주 隨處作主
어디서나 어떠한 경우에도 얽매이지 않아 주체적이고 자유자재함.

본인의 삶은 의존적이라고 생각하는가? 아니면 주체적이라고 생각하는가? 자고로 내 인생은 내가 주인공이어야 한다. 다른 이에게 내 인생의 주도권을 내어주어서는 안 되며 다른 이들의 도를 넘은 간섭을 받아서도 안 된다.

주체적이라는 말의 사전적 의미는 어떤 일을 실천하는 데 자유롭고 자주적인 성질이 있는 것이다. 이것을 나의 삶에 대입하면, 스스로 계획하는 삶을 살면서 내가 주인

공이 되어 살아가는 것이 된다. 또한 독립적인 삶을 사는 것도 포함된다. 다른 사람에게 의존하지 않고 스스로 개척해나가는 삶, 그리고 타인의 말에 흔들리지 않으며 사사로운 감정에 휩쓸리지 않는 삶. 우리는 그런 삶을 살아가야 한다. 그러기 위해서 우리는 무엇을 해야 할까? 우선 인생의 목표를 설정해야 한다. 삶의 목표를 명확히 하고, 그 목표를 향해 노력하는 삶을 살아야 한다. 그리고 타인의 기대나 사회적 인식에 신경 쓰지 않고 오롯이 나의 가치관에 맞는 선택을 해야 한다. 그 외에도 자기 계발, 체계적인 생활, 긍정적인 사고방식 등 많은 것이 있다. 여러분은 이 중 몇 가지를 실천하고 있는가? 아직 잘 모르겠다면, 지금부터 시작해보자. 오늘 시작해도 절대 늦지 않다.

오늘부터 우리의 목표는 주체적이고 독립적인 삶을 사는 것이다. 자, 우리는 벌써 주체적인 삶을 살기 위한 첫 번째 스텝을 밟았다. 이제 다음 스텝을 위해 나아가보자.

따를 수: 隨, 곧 처: 處, 지을 작: 作, 임금 주: 主

사자성어에서 배우는 삶의 지혜 2

명수죽백(名垂竹帛) 이름이 죽간(竹簡)과 비단에 드리운다는 뜻.

무불간섭(無不干涉) 함부로 참견하고 간섭하지 않는 일이 없음.

문질빈빈(文質彬彬) 겉모양의 아름다움과 속내의 미가 서로 잘 어울린 모양.

미망설(迷妄說) 모든 실재 세계가 공허하며 환각에 지나지 않는다는 학설.

배권지모(杯棬之慕) '잔과 술잔을 그리워하다.'라는 뜻으로, 부모를 향한 자식의 깊은 그리움을 뜻함.

복경호우(福輕乎羽) 복은 새의 날개보다 가볍다는 뜻.

복수불반분(覆水不返盆) 한번 엎질러진 물은 다시는 주워 담을 수가 없는 법이라는 뜻.

부화뇌동(附和雷同) 자신의 주관 없이 남이 하는 대로 따라 하는 행동을 말한다.

사분오열(四分五裂) 여러 갈래로 갈기갈기 찢어짐.

일상의 진리, 고전에서 배우다

산류천석(山溜穿石) 산에서 끊임없이 흐르는 물이 바위를 뚫는다.

삼사일언(三思一言) 한 번 말할 때마다 세 번 이상 생각을 해라.

색즉시공공즉시색(色卽是空空卽是色) 색이 공과 다르지 않고 공이 색과 다르지 않으며, 색이 곧 공이요, 공이 곧 색이다.

소욕지족(少欲知足) 만족할 줄 모르는 사람.

선용기심(善用其心) 마음을 잘 사용하라.

수심가지 인심난지(水深可知 人心難知) 물의 깊이는 알 수 있으나, 사람의 속마음은 헤아리기 어렵다는 말.

수처작주(隨處作主) 어디서나 어떠한 경우에도 얽매이지 않아 주체적이고 자유자재함.

고난과 사랑, 그리고 깨달음의 여정

제목 : 바다에 비친 모습

중요한 교훈과 가르침

🌸 금과옥조　金科玉條
금처럼 귀중하고 옥처럼 소중한 법도나 가르침.

　삶 속에서 우리는 많은 교훈과 가르침을 마주하게 된다. 그중에서 특별히 중요한 가르침은 우리의 인생을 이끄는 원칙이 되곤 한다. 우리가 어떤 가르침을 금처럼 귀중하고 옥처럼 소중하게 여길 때, 그것은 단순한 지식 이상의 의미를 지닌다. 이는 삶의 지침이 되고 가치관을 형성하며, 어려운 상황 속에서도 흔들리지 않게 만드는 기준이 된다. 마치 금과 옥이 변하지 않고 견고한 것처럼 이러한 가르침은 시간과 상황을 초월하여 우리의 삶을 지탱

하는 역할을 한다.

  금과옥조가 되는 가르침은 대부분 인류가 오랜 세월 동안 쌓아온 지혜에서 비롯된다. 예를 들어, 정직함과 성실함은 우리가 어렸을 때부터 듣는 기본적인 교훈이지만, 그것을 일관되게 지켜나가는 것은 쉽지 않다. 그러나 이 가르침이야말로 개인의 삶뿐 아니라 사회를 유지하는 데 필수적인 덕목이다. 정직함은 신뢰를 만들고, 성실함은 꾸준한 성장을 가능하게 한다. 또한, 동양철학에서 전해 내려오는 금과옥조와 같은 가르침들은 인간관계의 본질과 자연의 이치를 깨우쳐준다. 예를 들어, 자신을 알고 타인을 배려하라는 말은 단순한 조언 같지만, 그것이 실천될 때 우리는 더 나은 사회를 만들 수 있다. 자기 성찰과 타인에 대한 존중은 모든 관계의 기본이 되며, 이를 통해 우리는 더 성숙한 인간으로 성장할 수 있다. 이러한 가르침은 우리에게 방향성을 제시해준다. 길을 잃고 헤매는 순간에도 이 귀중한 가르침들은 다시금 우리의 마음을 다잡고 나아가야 할 길을 밝혀준다. 중요한 것은 이 가르침을 단순히 배우는 것에서 그치지 않고 이를 삶 속에서 실천하며 그 의미를 되새기는 것이다.

현대사회에서도 변하지 않는 가치와 원칙은 매우 중요하다. 급변하는 환경 속에서 흔들리지 않고 중심을 잡으려면 금과옥조와 같은 확고한 가르침이 필요하다. 이 가르침들은 우리가 매일 마주하는 선택의 순간에서 올바른 결정을 내릴 수 있도록 돕고 보다 윤택하고 의미 있는 삶을 살아가게 한다.

쇠 금: 金, 과목 과: 科, 구슬 옥: 玉, 가지 조: 條

현재의 고난도 결국은 지나간다

◎ 시역과의 是亦過矣

현재가 아무리 힘들어도 모두 지나간다는 뜻.

다 괜찮아질 것이다. 해가 지면 달이 뜨고 겨울이 지나면 봄이 오는 것처럼 지금 이 순간도 그렇게 자연스럽게 지나갈 것이다. 시도 때도 없이 흐르던 눈물도 결국 그칠 날이 올 것이고, 온종일 떠오르던 그 사람 생각도 점차 희미해질 것이다. 그러니 너무 오래 아프지 말자. 영원할 것 같던 사랑이 끝났다고 해서 당신의 삶까지 끝난 것은 아니니까. 당신이 영원을 꿈꿨던 거 잘 알고 있다. 지금은 그 사람이 없는 하루를 어떻게 보낼지 당연하게 여겼던 그 사람이 없는 하루가 두렵고 막막하겠지만, 익숙해질 것이다. 언제나 그랬던 것처럼. 그러니 조금만 울자. 이별에 멈춰버린 것 같던 시간도 이렇게 계속 흘러가고 있으니 말이다. 굳이 억지로 기억해내서 슬퍼하려 하지 말자. 당신은 결국 괜찮아질 것이다. 하루에도 몇 번씩 눈물이 차오르고, 그 사람의 흔적에 마음이 아파오겠지만 이것도 지나갈 것이다. 그저 영원할 인연이 아니었을 뿐이다. 그러니까 너무 애쓰지 말고 힘들어하지 말자. 세상이 끝난 것 같은 슬픔도 시간이 지나면 차츰 옅어지고 결국에는 모든 것이 다 괜찮아질 것이다.

　　모든 고통은 지나가는 것이며 시간은 치유의 힘을 가지고 있다. 사랑이 끝났다고 해서 우리의 삶이 끝나지는 않는다. 이별의 아픔 속에서도 우리는 성장하고 새로운 시작을 맞이할 준비를 할 수 있다. 그러니 슬픔을 느끼는 것도 자연스러운 과정임을 받아들이고 자신을 돌보며 다시

일어설 수 있는 힘을 키워가자. 결국 모든 것은 지나가고
당신은 다시 웃을 수 있을 것이다.

이 시: 是, 또 역: 亦, 지날 과: 過, 어조사 의: 矣

모든 인연에는 때가 있다

◎ 시절인연 時節因緣

모든 인연에는 때가 있고 때가 되면 이루어지게 되어 있다는 뜻.
인연의 시작과 끝도 모두 자연의 섭리대로 그 시기가 정해져 있다는 뜻도 내포한다.

　모든 인연에는 때가 있다. 때를 놓치고 지나가 버린다면, 그것은 인연이 아니었음을 의미한다. 그러나 우리는 그 사실을 쉽게 받아들이지 못하고, 때때로 집착에 사로잡힌다. 언젠가는 이루어질 것이라는 막연한 기대 속에서 말이다. 하지만 때로는 과감하게 지나간 인연 혹은 시작되지 못할 인연을 놓아줄 용기도 필요하다. 원하지 않는 사랑을 계속 표현하는 것은 상대방에게 상처가 될 수 있기 때문이다. 모든 인연에는 적절한 흐름이 있으며, 그 흐름을 타지 못하는 관계는 시간이 지나도 시작될 수 없다. 우리는 이를 깨달아야 한다.

하지만 때론 우리에게 필요한 것이 포기가 아니라 기다림일 수도 있다. 그러나 기다림에도 분명한 한계가 있다는 것을 잊지 말자. 자신을 아끼지 않고 끝없는 기대 속에 살아가는 것은 오히려 자신을 해치는 일이 될 수 있다. 진정한 인연은 억지로 붙잡지 않아도 자연스럽게 흐름 속에서 다가온다. 그 흐름을 알아채고 인연이 스스로 자리를 잡게끔 놓아두는 것도 필요하다.

삶은 수많은 만남과 헤어짐 속에서 성장하는 여정이다. 때론 인연을 붙잡고 놓지 못하는 고통이 깊어질 때도 있지만, 그런 순간이야말로 우리 자신에게 더 나은 방향을 찾을 기회가 될 수 있다. 중요한 것은 인연이 우리의 삶을 더 풍요롭게 만드는지 아니면 우리를 무겁게 짓누르는지를 분명하게 보는 것이다.

때 시: 時, 마디 절: 節, 인할 인: 因, 인연 연: 緣

사랑하면 사소한 것도 귀하다

애급옥오 愛及屋烏

사랑이 지붕 위의 까마귀에까지 미친다는 뜻으로, 사람을 사랑하면 그 집 지붕 위에 앉은 까마귀까지도 사랑스럽다는 말.

사랑하면 사소한 것도 귀해진다. 이를 일컫는 말로 애급옥오가 있다. 사랑이 그 사람의 집 지붕 위에 앉은 까마귀에게까지 미친다는 뜻으로, 사랑하는 사람의 모든 것이 소중하고 사랑스럽다는 의미를 담고 있다. 사랑은 이렇게 우리의 시야를 넓혀, 그 사람과 관련된 사소한 것들까지도 중요하게 느끼게 한다.

사랑한다면 서로에게 전부가 되는 것을 바라기보다는 우선순위가 되는 것을 바라는 것이 어떨까? 만약 사랑하는 사람 인생에 내가 전부가 된다면 그것 또한 불행한 일이 아닐까 생각한다. 그러니까 서로에게 전부보다는 우선순위가 되도록 노력하자. 항상 첫 번째 순위에 내가 있길 바라는 마음으로 사랑하자. 어떤 것을 고민할 때 사랑하는 사람을 염두에 두고 생각하고 그것을 결정할 때에도 사랑하는 사람을 조금 더 생각해서 결정하는 마음을 가지도록 하자는 말이다.

나는 누군가를 사랑하게 되면 항상 내 우선순위에 내가 사랑하는 사람이 있다. 밥때가 되면 내가 뭘 먹을지 고민하기보다는 그 사람이 오늘 무엇을 먹을지 더 생각하고, 비가 오는 날에는 내가 우선을 챙겼는지 생각하기보다는 그 사람이 우산을 잊지 않고 챙겨나갔는지, 혹시 비라도 맞진 않을지 걱정한다. 또 온종일 그 사람의 하루가 무탈하길 바라는 마음을 가지고 그 사람을 위해 기도하고, 일과가 끝난 밤 꿈자리가 뒤숭숭할 때면 혹시 그 사람에게 무슨 안 좋은 일이 생긴 건 아닌지 노심초사한다. 내게 사랑이란 그런 것이다. 그렇게 내가 사랑하는 사람은 항상 나의 삶 속에서 0순위가 된다.

　내 삶의 중심은 여전히 나 자신이지만, 그 중심 안에서 내가 사랑하는 사람을 최우선으로 두고 살아가고 있다. 나는 나를 잃어버리지 않으면서 상대방을 사랑하는 방법을 찾기 위해 항상 노력한다. 내 삶의 균형을 지키며 사랑하는 이를 아끼고 온 힘을 다해 사랑하는 것이 내가 할 수 있는 최선의 방법이기 때문이다.

　그러니 우리 사랑하는 사람에게 전부가 되지는 말자. 그리고 사랑하는 사람을 전부라 생각하지는 말자. 전부가 되는 것은 때로는 짐이 되고 서로 힘들게 할 수 있다. 오히려 그 무게에 금방 지쳐 사랑이 식을 수도 있는 매우 위험한 일이라는 말이다. 그러니까 많은 사람 중에서 가장 많이 아끼고 사랑하는 사이가 되자. 서로를 우선순위에 두고 상대방을 배려하며 그렇게 사랑하며 살아가자. 그

사랑의 사소한 것들까지도 소중하게 만들어주는 애급옥
오처럼 말이다.

사랑 애: 愛, 미칠 급: 及, 집 옥: 屋, 까마귀 오: 烏

사랑하는 사람과의 이별 고통

◎ 애별리고 愛別離苦
불교에서 말하는 팔고(八苦)의 하나.

"사랑하는 사람과 헤어져야 하는 괴로움. 부모·형제·
처자·애인·친구 등과 생별(生別) 또는 사별(死別)할
때 받게 되는 고통. 인간은 누구나 이러한 애별리고를
겪게 된다."

인간이 살아가며 겪는 사랑과 이별의 고통, 내가 쓴 이
별론에는 이별은 연인 간의 이별만 존재하는 것이 아니라
는 말이 있다. 말 그대로다. 사랑이 여러 형태로 존재하는

것처럼 이별 또한 여러 가지 형태가 있고 그 어떤 형태의 이별이 되었든 아프지 않고 슬프지 않은 이별은 없다. 우리는 살아가는 내내 이별한다. 작고 사소한 이별부터 삶을 통째로 앗아가는 이별까지 말이다.

만난 자는 헤어지게 되는 것. 그게 바로 존재의 법칙이다. 그렇기 때문에 우리는 살아가는 내내 이별을 할 수밖에 없고 견뎌낼 수밖에 없으며 인내하며 살아갈 수밖에 없다.

이별에 익숙해지는 방법 따위도 존재하지 않는다. 이별은 해도 해도 적응되지 않고 오히려 하면 할수록 지쳐가고 더 힘들어질 뿐이다. 그렇다면 우리는 이별에 어떻게 대처해야 할까? 방법이란 게 있을 리 만무하지만 그래도 내 경험으로 말하자면 이별의 슬픔을 그대로 받아들이는 것이다.

울고 싶으면 울고 화가 난다면 화도 내고 무너질 만큼

119

3장 고난과 사랑, 그리고 깨달음의 여정

무너져보기도 하고 다시 일어나면 된다. 뭐가 문제인가? 때마다 아파하면 되는 것을 애써 의연한 척할 필요 없다는 말이다. 당신의 슬픔을 이해 못 할 사람은 없다. 그러니까 마음 놓고 슬퍼하길 바란다. 그리고 언제가 되었든 꼭 제자리로 돌아와야 한다. 그러면 되는 것이다.

쿨한 이별이 많아지는 요즘 세상에 애별리고는 문학에서만 나오는 낭만이 되어가는 것 같지만 그래도 여전히 세상 사람들은 사랑에 아파하고 이별에 슬퍼하며 살아간다. 낭만의 시대는 끝나지 않았다.

사랑 애: 愛, 나눌 별: 別, 떠날 리: 離, 쓸 고: 苦

슬프지만 겉으로 드러내지 않다

◎ 애이불비 哀而不悲

슬프면서 겉으로는 슬프지 않은 체함.

  괜찮다는 말은 사실은 괜찮지 않다는 말이다. 진짜 괜
찮은 사람은 구태여 "괜찮다.", "아무렇지 않다." 하는 말
을 하지 않는다. 모든 사람은 한 번쯤 나는 괜찮다며 거짓
말을 해본 적이 있을 것이다. 그 거짓말은 처음에는 남을
속이고 이후에는 스스로까지 속이고 만다. 애써 슬픔을
감추려는 사람의 눈 속에는 아픔이 가득하다. 그런 사람
들과의 대화에는 꼭 눈동자를 자세히 들여다볼 필요가 있
다. 자칫하면 놓쳐버리는 숨은 감정에 때를 놓쳐 후회할

수도 있기 때문이다. 위로를 건네기보다는 자주 보고 자주 들고 잘 알아주기만 해도 될 것이다.

"너 괜찮아?"라는 질문보다는 "너 괜찮아! 지금도 충분히 잘하고 있어."라는 확신을 주도록 하자. 실의에 빠져 있는 누군가에게는 "잘될 거야. 힘내!"라는 말보다 아무렇지 않게 끼니를 함께하자는 말을 건네보자. 밑도 끝도 없이 맛있는 음식을 먹자고 이야기해보자. 그냥 그렇게 한 끼의 식사를 함께하고 가만히 옆에서 있어주도록 하자. 애써 슬픔을 감추고 겉으로 괜찮은 척하는 모든 사람들에게 "밥 먹자, 나와!"라는 말 한마디 해보자. 그렇게 오늘을 살게 하는 말을 건네보도록 하자.

세상은 너무 자주 그리고 너무 쉽게 괜찮냐고 묻는다. 그러나 그 질문 속에 숨은 대답은 결코 간단하지 않다. '괜찮다'는 그 한마디가 얼마나 힘겨운 마음의 벽을 두드리고 있는지 우리 모두 기억해야 할 것이다.

슬플 애: 哀. 말 이을 이: 而. 아닐 불: 不. 슬플 비: 悲

만족할 줄 알면 충분하다

※ 어사족의 於斯足矣
그것으로 만족함.

    너무 많이 기대하지 말자. 늘 머릿속에 되뇌며 살았다. 살아 있는 모든 것에 대한 기대. 무엇이든 적당히 해야 한다는 것을 이미 알고 있음에도 늘 선을 넘어버리는 미련한 짓. 기대하면 할수록 돌아오는 실망이 더 크다는 걸 나는 이미 알고 있지만, 기대하고 실망하는 것을 반복한다. 그로 인한 상실감은 때론 나 자신을 무너뜨리기도 하고 다시는 일어날 수 없게 다리를 부러트리기도 한다. 그때 나는 더는 어떤 것에도 기대를 하지 않겠다고 그게 무엇이든 기대하지 않겠다고 다짐한다.

그러니 어떠한 인간관계에서 내가 정성을 쏟아부어 온 힘을 다한다고 해서 상대도 똑같이 할 거라는 기대는 애초에 하지 말자. 누구든 그저 마음 닿는 곳까지 행동할 뿐이다.

내가 100을 준다고 그 사람 또한 100을 주지는 않는다는 말이다. 그 사람이 50을 준다면 그냥 거기까지인 것, 그럼 나도 100이었던 마음을 50으로 줄이면 되는 것이다.

애써 그 사람의 마음을 100까지 채우려고 노력하지 말고 그것을 채울 수 있다는 기대를 하지 말자. 기대하지 말고 그냥 그렇게 살아가자. 어떤 결과가 있다 해도 그 결과에 만족하며 살자. 그러니 더는 부푼 기대로 자신을 힘들게 하지 말자는 말이다.

어조사 어: 於, 이 사: 斯, 발 족: 足, 어조사 의: 矣

다른 사람의 처지에서 생각하라

※ 역지사지 易地思之
처지를 바꾸어서 생각하여 봄.

   역지사지는 다른 사람의 처지에서 생각하는 태도를 강조하는 중요한 교훈이다. 우리 삶에서 갈등이나 오해가 생길 때, 자신의 관점에서만 문제를 바라보면 쉽게 해결되지 않는다. 하지만 상대의 처지에서 상황을 이해하려고 노력하면 그 사람의 생각과 감정을 더 잘 이해하게 되고, 갈등의 원인을 찾고 해결할 기회를 만들 수 있다.

   이 말은 단순히 상대의 처지를 이해하라는 말이 아니라

상대가 어떤 감정을 느끼고 어떤 생각을 하고 있는지 깊이 공감하는 태도를 의미한다. 우리 모두 저마다 다른 삶을 살아왔고, 각자의 경험을 통해 세상을 바라본다. 내가 당연하게 여기는 것이 다른 사람에게는 당연하지 않을 수 있고, 내가 쉽게 넘어가는 일이 다른 사람에게는 크게 다가올 수도 있다.

역지사지를 실천하는 것은 곧 타인을 존중하고 이해하려는 마음에서 비롯된다. 이는 인간관계의 기본이자 사회의 조화를 이루는 중요한 덕목이다. 상대방의 처지에서 생각해보는 작은 노력이 결국, 더 큰 공감과 소통을 가져올 수 있다.

바꿀 역: 易, 땅 지: 地, 생각 사: 思, 갈 지: 之

타인의 시선에 흔들리지 말라

◎ 연비어약 燕飛魚躍

타인의 평가나 시선을 신경 쓰지 않고 자신이 좋아하는 일에 집중하라는 뜻.

　모든 사람에게 예쁨받을 필요는 없다. 마찬가지로, 모든 사람에게 인정받을 필요도 없다. 세상에는 나를 좋아하는 사람이 있는가 하면, 싫어하는 사람도 당연히 존재하기 마련이다. 사실 세상 사람들은 생각보다 나에게 큰 관심이 없다. 그러니 눈치를 보며 살아갈 이유도 없다. 혹시 어떤 일로 사람들의 입방아에 오르내리더라도 신경 쓸 필요 없다. 어차피 시간이 지나면 잊힐 문제일 뿐이다.

사소한 오해로 인해 사람을 잃을까 전전긍긍하지 않아도 된다. 작은 오해로 돌아설 사람이라면 그 관계는 처음부터 거기까지였을 뿐이다. 오해를 풀 생각조차 없는 사람에게 굳이 해명할 필요도 없다. 그 사람이 내게 하는 선까지만 나도 하면 되는 것. 그 이상은 불필요한 에너지 낭비일 뿐이다.

누구도 바라지 않았던 친절을 베풀고 사람들이 알아주지 않는다고 서운해할 필요 없다. 그 친절은 아무도 강요하지 않은 나만의 선택일 뿐이다. 그러니 누가 몰라준다해도 그냥 그렇게 흘려보내면 된다. 만약 그것이 섭섭하다면 차라리 친절을 베풀지 않는 것이 나을지도 모른다.

세상 사람들은 모두 내 마음과 같지 않다. 우리는 각자다른 사람이고 서로 다른 환경에서 자랐으며, 생김새나 생각도 모두 다르다. 나와 완전히 같은 마음을 가진 사람을 찾는 것은 생각보다 어려운 일이다.

그러니 쉽게 상처받지 말고 살아가자. 물론 쉽지는 않겠지만, 더 단단해져서 내 마음 하나는 다스릴 줄 아는 사람이 되자는 것이다. 그것이 결국 나를 지키는 길일 테니.

제비 연: 燕, 날 비: 飛, 물고기 어: 魚, 뛸 약: 躍

자나 깨나 잊지 못하는 사랑

◎ 오매불망 寤寐不忘
자나 깨나 잊지 못함.

    사랑하는 이를 오매불망 기다리는 마음, 누구나 한 번쯤은 경험해봤을 거다. 애타는 마음으로 그 사람을 기다리며 잠 못 이루는 밤을 보내기도 하고 말이다. 여기서 기다린다는 것이 꼭 연락을 기다린다는 의미만은 아니다. 그것은 그 마음 자체를 말하는 것이다. 자나 깨나 잊지 못하는 사람을 마음에 품고 그 마음을 전하려 애쓰거나 혹은 전하지 못한 채 애끓는 심정을 안고 살아가는 일이다. 바로 우리가 모두 사랑이라 부르는 그 감정이다.

사랑과 기다림은 떼려야 뗄 수 없는 관계다. 미움이 결국 사랑의 또 다른 표현인 것처럼, 기다림 또한 사랑 없이는 불가능한 행동이다. 밤새 뒤척이며 기다리는 그 마음은 바로 사랑이라는 증거다. 오매불망, 전전반측하며 당신만을 기다리는 마음, 그 모든 것이 결국 사랑을 뜻하는 것이다. 한마디로 말해 그냥 사랑하고 있다는 뜻이다.

잠깰 오: 寤, 잘 매: 寐, 아닐 불: 不, 잊을 망: 忘

습관이 쌓이면 본성이 된다

◎ 적습성성 積習成性
습관이 쌓이면 본성이 된다.

"습관이 쌓이면 성품을 이루고, 성품이 쌓이면 한 인
생의 운명을 결정한다."

– 노자의 『대지도론』 중

　나쁜 습관이든 좋은 습관이든 습관이 계속되면 그것이
천성이 된다. 짜증과 화를 자주 내고 마음속에 분노를 늘
가지고 사는 사람은 천성이 그런 사람이 되어버린다. 사
소한 일에도 짜증을 내고 말투도 그렇게 바뀌게 되는 것.

그런 습관은 말투뿐만이 아니라 그 사람의 행동도 바꾸고 인상도 바뀌게 한다. 예컨대 인간은 살아온 세월이 얼굴에 담긴다고 하는데 늘 짜증만 내는 사람은 입꼬리가 내려가 있으며 인상에서 그 짜증이 묻어난다. 그렇다면 좋은 인상을 주려면?

맞다. 웃음을 잃지 않고 살면 된다. 항상 미소를 짓는 사람은 입꼬리가 올라가 있으며 눈으로 보기에도 기분 좋은 인상을 가지고 있다. 그런 사람들은 짜증이나 화를 자주 내기보다는 긍정적인 마음으로 웃어넘기는 것을 선택한다. 처음에 그것은 선택적 습관으로 만들어지는 행동이라고 할 수 있다. 말 그대로 선택을 하는 것이다. 한 번 더 생각하면서 다른 사람에게 한마디를 건네도 기분 좋은 웃음으로, 기분 좋은 말투로, 그렇게 반복하다 보면 그것이 습관이 되는 것. 결국에는 습관처럼 웃는 나를 발견하고 습관처럼 친절한 나를 발견하게 된다. 그 행동이 바로 천성이 된다.

우리가 사랑에서 빼놓고 말할 수 없는 다정 또한 그러하다. 선택적 다정이 계속되면 그것이 습관적 다정이 되어버리고 이는 곧 나를 다정한 사람으로 만든다. 그 다정이 사랑하는 이에게 전달되고 그것으로 사랑이 발전하게 된다.

이처럼 습관이라는 것은 정말 중요한 것이다. 매사에 이런 생각을 머릿속에 새겨놓고 습관처럼 생각해야 한다. 습관은 성공을 만든다. 좋은 습관을 지닌 사람은 성공한다는 말이다. 어느 책에서는 부자가 되는 방법의 하나가 아침 일찍 일어나 내 이부자리를 정리하는 것이라고 했다.

사소한 습관 하나하나가 모여 성공을 위한 밑거름이 되어준다. 그러니 우리 좋은 습관을 만들도록 하자. 습관은 후천적이다. 지금부터 시작하면 되는 것. 선택적 습관을 시작으로 그것이 나의 천성이 될 때까지 좋은 습관으로 물들여진 나를 만들어보도록 하자.

쌓을 적: 積, 익힐 습: 習, 이룰 성: 成, 성품 성: 性

우물 안 개구리처럼 살지 말라

◉ 정저지와 井底之蛙

'우물 안 개구리'라는 뜻으로, 세상 물정에 어둡고 시야가 좁음을 나타낸다.

자신이 아는 세상이 전부라고 생각하고 살아가는 사람이 있다. 그런 사람들은 본인이 아는 것이 진리라고 생각하며 타인의 말을 잘 들으려 하지 않는다. 고집과 아집이 굉장히 센 사람들이다. 식견이 좁은 것이 죄는 아니지만 좁은 식견으로 매사 우기는 건 죄가 된다. 아닌 것은 아니라고 인정하고 본인이 모자란 것은 남에게 배우면 되는 것을 짧은 생각과 좁은 시야로 세상을 살아가며 남을 가르치려 들기까지 하면 정말 답이 없다. 내가 세상에서 가장 싫어하는 부류가 무식한데 고집까지 센 사람들이다. 그런 사람들이 자기 소신까지 가지면 정말 무서워진다. 나는 그런 사람을 절대 곁에 두지 않는다. 그런 부류의 사람들은 절대 발전이 없다. 이유는 간단하다. 더 나은 것을 받아들이지 않기 때문이다. 무슨 자존심에 그것을 받아들이기 어려워하는지는 알 수 없지만, 남에게 무언가를 배우려 하지 않는다면 절대로 발전할 수 없다. 평생 자기만의 우물 안에서 살아갈 수밖에.

모든 사람은 완벽할 수 없다. 잘난 게 있으면 모자란 것도 있기 마련이다. 그것은 부끄러운 것이 아니다. 진정 부끄러운 것은 인정하지 않는 것이다. 모르는 건 죄가 아니다. 모름에도 그것을 인정하지 않고 깨우치려 하지 않는 것이 죄가 될 뿐이다. 그렇다면 우리는 어떤 삶을 살아가야 하는가? 일단 본인의 눈을 가리고 있는 가림막을 제거하고 더 넓은 시야로 세상을 바라보는 법을 배워야 한다. 배우고 익히는 법을 알면 조금씩 발전할 수 있을 것이다. 우리 여름에 묶여 겨울을 모르는 여름벌레는 되지 않도록 노력하면서 살아보자.

가까운 곳에 배움의 원천이 있다

좌우봉원 左右逢源
가까이에 있는 사물이 학문의 근원이 되거나 또는 모든 일이 순조로워짐을 뜻함.

우리는 이 세상을 살아가며 많은 것을 배운다. 우리가 가진 모든 감정도 살아가며 어떻게 표현해야 하고 어떤 식으로 받아들여야 하는지, 또 깊게 들어가 사랑이 무엇인지 이별이 무엇인지, 고독이 어떤 것이며 슬픔은 또 어떤 것인지. 작은 감정부터 아주 큰 것까지 세상을 살아가며 배울 수 있는 것은 무수히 많다. 그러니 조금 느리게 걸어보자. 천천히 걸어가며 주위를 둘러보고 가장 가까운 것부터 손에 닿지 않게 멀리 있는 것까지 하나씩 더 알아보고 배워보자. 지금 내가 하고 있는 고민도 해결하고 나면 깨달음을 얻게 되고 그것이 곧 새로운 지식의 원천이 될 것이다. 그렇게 내 인생의 백과사전을 채워나가면서 살아가자. 너무 멀리서 찾지 않아도 된다. 그리고 의미 없는 삶이라고 생각하지 않아도 된다. 하찮은 것 같았던 내 삶에도 분명히 배움을 얻을 수 있는 뭔가가 있다. 그 말은 즉, 결코 하찮은 삶이 아니라는 말이다.

누구든 쓸모는 있다. 우리는 그 쓸모를 찾아가면 되는 것이다. 분명 언젠가는 자신의 쓸모를 찾을 것이다. 그런 날은 반드시 찾아온다.

왼 좌: 左, 오른쪽 우: 右, 만날 봉: 逢, 근원 원: 源

일상의 진리, 고전에서 배우다

참다운 벗을 위한 여섯 가지 마음가짐

❀ 지기지우 知己之友
자신의 가치나 속마음을 너무나 잘 알아주는 참다운 벗이라는 뜻.

옛말에 진짜 친구 하나만 있다면 성공한 인생이라는 말이 있다. 말 그대로 정말 내 가치를 알아주고 나의 모든 이야기를 할 수 있는 그런 지기지우. 그런 친구가 있다면 살아가며 군이 억지 친구를 만들 필요가 없다. 참다운 벗이 되기 위해서 우리는 무엇을 해야 할까?

첫 번째, 섣부른 조언은 하지 않도록 한다. 내가 하는 말 하나하나가 친구에게 큰 영향을 끼칠 수 있다는 것을 명심하자.

두 번째, 부정적인 말을 하지 않는다. 되도록 긍정적인 말만 하며 긍정 에너지를 주고받는 사이가 되어야 한다. 그러니까 서로의 해피 바이러스가 되어주는 것, 그것이 정말 중요하다.

세 번째, 언제 만나도 어제 만난 것처럼 어색함이 없는 사이가 되어야 한다.

네 번째, 정적이 흐르는 시간도 어색하지 않은 사이가 되어야 한다. 같은 공간에 있다고 끊임없이 소통을 해야 하는 건 아니다. 말없이 있는 순간도 괜찮은 사이가 되도록 해야 한다.

다섯 번째, 무엇이든 빌려주지 말자. 빌려주는 것이 아니라 준다는 마음을 가져야 한다. 무언가를 줄 때는 돌려받을 마음을 버리고 거저 준다는 마음으로 주는 것이 관계에 좋다.

여섯 번째, 받았을 때에는 갚아야 한다는 마음을 항상 마음에 품고 있어야 한다. 상대가 대가 없이 주는 것을 당연하게 여기지 않고 감사한 마음을 꼭 가지도록 하고 그

142

일상의 진리, 고전에서 배우다

마음을 전하도록 하자.

　이 외에도 참다운 벗이 되기 위한 조건은 너무나도 많다. 우리는 소중한 인연을 지켜내기 위해 매 순간 노력하며 살아가야 할 것이다.

자꾸 일을 미루지 말라

⚙ **차일피일** 此日彼日
이날 저 날 하고 자꾸 기한을 미루는 모양.

무언가를 실천할 때 가장 필요한 것이 무엇이라고 생각하는가? 나는 절실한 마음이라고 생각한다. 말 그대로다. 무언가를 이루기 위해 목표를 세우고 그 목표를 실천하기 위해 가장 필요한 것이 바로 이 절실함이라고 생각한다. 절실한 마음이 있으면 반드시 행동하게 된다. 우리는 그 마음으로 어떤 어려움도 이겨낼 용기를 얻고 실행으로 옮길 원동력을 얻는다. 해내고야 말겠다는 생각으로 하면 결국 이루게 된다는 말이다. 그런 마음으로 지금 할 일을

'내일'이나 나중으로 미루는 일은 절대 해서는 안 된다는 말도 하고 싶다.

어느 책에서는 이렇게 말한다. 힘들고 불행하게 사는 사람들은 내일 하겠다고 말하지만, 성공하고 행복한 사람들은 지금 한다고. 맞는 말이다. 지금 할 일을 내일로 미루는 사람은 결국 더 힘들어질 수밖에 없다. 인생은 그런 원리로 돌아가니까. 그러니 우리 무엇이든 현재의 일을 내일의 나에게 미루지 말자. 그리고 절실한 마음으로 내가 설정한 목표를 향해 나아가보자. 우리 모두 할 수 있다.

이 차: 此, 날 일: 日, 저 피: 彼, 날 일: 日

틀림이 아닌 다름을 인정하라

◎ 타인지연 왈리왈률 他人之宴 曰梨曰栗
남의 잔치에 배 놓아라 밤 놓아라 한다는 뜻으로,
남의 일에 공연히 쓸데없는 참견을 한다는 뜻.

    모든 사람의 생각이 같을 수는 없다. 같은 상황에서도
서로 다른 생각을 하는 이유는 우리가 각자 다른 환경에
서 살아왔고, 겪은 경험들이 다르며, 무엇보다 각기 다른
사람이기 때문이다. 내가 생각하는 것이 항상 정답일 수
는 없다. 그렇기에 나는 누구에게도 내 생각을 강요하려
하지 않는다. 사랑에 대해 글을 쓰고 인생과 인간관계에
대한 글을 쓰는 이유도 내 생각을 강요하기 위해서가 아

니라, 비슷한 상황에 놓인 사람들에게 위로가 되기를 바라는 마음에서다.

내 글이 다른 사람의 생각과 다르다고 느낀다면 나와는 다른 생각을 하는 사람이 있구나 하고 넘어가면 되는 일이다. 굳이 "그건 틀린 생각이야."라고 말할 필요는 없다. 각자의 의견과 생각이 다르다는 것은 틀린 게 아니라 말 그대로 다른 것일 뿐이다. 그러니 얕은 생각으로 남을 가르치려 들지 말자.

다를 타: 他, 사람 인: 人, 갈 지: 之, 잔치 연: 宴
가로 왈: 曰, 배나무 리: 梨, 가로 왈: 曰, 밤 률: 栗

사자성어에서 배우는 삶의 지혜 3

금과옥조(金科玉條) 금처럼 귀중하고 옥처럼 소중한 법도나 가르침.

시역과의(是亦過矣) 현재가 아무리 힘들어도 모두 지나간다는 뜻.

시절인연(時節因緣) 모든 인연에는 때가 있고 때가 되면 이루어지게 되어 있다는 뜻.

애급옥오(愛及屋烏) 사랑이 지붕 위의 까마귀에까지 미친다는 뜻

애별리고(愛別離苦) 불교에서 말하는 팔고(八苦)의 하나.

애이불비(哀而不悲) 슬프면서 겉으로는 슬프지 않은 체함.

어사족의(於斯足矣) 그것으로 만족함.

역지사지(易地思之) 처지를 바꾸어서 생각하여 봄.

연비어약(燕飛魚躍) 타인의 평가나 시선을 신경 쓰지 않고 자신이 좋아하는 일에 집중하라는 뜻.

오매불망(寤寐不忘) 자나 깨나 잊지 못함.

적습성성(積習成性) 습관이 쌓이면 본성이 된다.

정저지와(井底之蛙) '우물 안 개구리'라는 뜻으로, 세상 물정에 어둡고 시야가 좁음을 나타낸다.

좌우봉원(左右逢源) 가까이에 있는 사물이 학문의 근원이 되거나 또는 모든 일이 순조로워짐을 뜻함.

지기지우(知己之友) 자신의 가치나 속마음을 너무나 잘 알아주는 참다운 벗이라는 뜻.

차일피일(此日彼日) 이날 저 날 하고 자꾸 기한을 미루는 모양.

타인지연 왈리왈률(他人之宴 曰梨曰栗) 남의 잔치에 배 놓아라 밤 놓아라 한다는 뜻.

4장

작은 진리에서   배우는 큰 삶

제목 : 지혜의 종

세상 속에서도 깨끗함을 유지하라

처염상정 處染常淨

더러운 곳에 처해 있어도 세상에 물들지 않고, 항상 맑은 본성을 간직하고 있을 뿐
만 아니라, 맑고 향기로운 꽃으로 피어나 세상을 정화한다는 말로 연꽃의 성격을
잘 대변하는 말.

보살이 세간에 머무르되 허공과 같이 걸림이 없는 것
이 마치 연꽃이 물에 젖지 않는 것과 같다. (處世間
如虛空 如蓮花不着水)

– 『화엄경』 중

연꽃은 진흙에서 피어나지만, 진흙에 오염되지 않는다.
사람도 그렇다. 어떠한 환경에서도 나쁜 영향을 받지 않

고 오롯이 자신을 지키며 올곧게 살아가는 사람이 있다. 그런 사람은 순백의 도화지처럼 맑고 깨끗하지만, 절대 다른 색에 물들지 않는다. 말하자면, 그 사람은 애초에 투명한 존재라는 것이다. 그리고 그런 사람은 다른 이들의 말이나 상황에 쉽게 동요하지 않는다.

예를 들어, 누군가 그 사람에게 다른 이의 험담을 한다면, 그 이야기에 맞장구를 치지 않는다. 오히려 그 자리를 불편해하며 말을 돌리거나 아예 자리를 피하기도 한다. 나쁜 말은 아예 귀에 담지 않는 것이다. 우리는 이런 사람을 곁에 둘 필요가 있다. 그런 사람과 함께하면서 나 또한 그런 사람이 되어야겠다고 다짐하는 것이 중요하다. 어쩌면 내가 그 사람에게 물드는 것이 아니라 그 사람을 통해 정화되어가는 것일지도 모른다. 우리 모두 연꽃 같은 사람과 함께 살아가자. 진흙탕 속에서도 물들지 않고 나 자신을 지키며 살아갈 수 있도록, 그런 사람들과 함께하는 삶을 선택하자.

곳 처: 處, 물들 염: 染, 떳떳할 상: 常, 깨끗할 정: 淨

쌓이고 쌓인 근심 그럼에도 나아가야지

◎ 첩첩수심 疊疊愁心

이 표현은 깊은 산골을 나타낼 때도 쓰이고, 어려움이 더하는 것을 비유적으로 나타낼 때도 쓰인다. 첩첩수심이라고 쓰면 더 분명하게 '쌓이고 쌓인 근심'을 나타낸다.

삶은 가끔 우리에게 질문을 던진다. '노력은 배신하지 않는다.'는 믿음을 지키며 달려온 우리는 그 노력이 정말로 어떤 결과를 가져다주는지에 대해 깊이 생각하게 된다. 나 역시 최선을 다해 끊임없이 노력해왔지만, 그 결과가 기대에 미치지 못했을 때는 좌절감을 느끼기도 했다. 잠을 줄이고, 누구보다 일찍 하루를 시작하며, 때로는 밤을 새우고 몸이 아파도 약속을 지키기 위해 애썼다. 이렇게 한 이유는 단 하나, 당장의 생계를 위해 돈이 필요했기 때문이다. 하지만 그 과정에서 얻은 것은 오직 돈뿐이었다. 돈은 중요하지만, 우리가 돈만을 위해 사는 것이 과연 맞는 일일까? 그 질문에 대한 답을 찾으려 할수록 더 깊은 고민에 빠지곤 했다. 누구나 지치는 순간이 있다. 힘을 내어 다시 일어서려 해도 점점 더 어려워질 때가 있다. 일상의 작은 일들이 우리를 무너뜨리고 다시 일어나는 것이 버거워지며, 언젠가 다시는 일어나지 못할 것 같다는 두려움이 찾아오기도 한다. 쉼이 필요하다는 것을 알지만 현실은 그 여유조차 허락하지 않는 것 같다. 이 시대를 살아가는 우리는 저마다의 이유로 숨 가쁘게 달리고 있지만, 그 끝에 기다리고 있는 것이 무엇인지에 대한 의문을 품는 순간이 찾아온다. 그리고 우리는 그 의문 속에서 길을 잃기도 한다. 하지만 여기서 중요한 것은 그 과정에서 자신을 잃지 않는 것이다.

삶의 진정한 의미는 단순히 결과가 아니라 그 과정을 통해 자신을 돌아보고 성장하는 것이다. 때로는 원하는 대로 일이 풀리지 않더라도 그 모든 경험이 나를 더 단단하게 만들어주는 과정임을 기억해야 한다. 쉼이 필요할 때는 잠시 멈춰 스스로를 돌아보며 재정비하는 것도 용기다. 일어서는 것이 버겁다면 잠시 주저앉아도 괜찮다. 중요한 것은 포기하지 않고 계속해서 자신을 믿고 앞으로 나아가려는 마음이다. 삶은 우리에게 끊임없이 질문을 던지고 그 질문에 대한 답을 찾아가는 과정에서 우리는 더 성장할 수 있다. 지금의 어려움은 분명 지나갈 것이고 그 시간을 통해 우리는 더 강해질 것이다. 그러니 오늘도 작은 한 걸음을 내디디며, 스스로에게 따뜻한 격려를 보내는 것이 필요하다. 노력은 배신하지 않기 때문이 아니라, 그 과정을 통해 우리는 더 깊은 성장을 이룰 수 있기 때문에 가치 있는 것이다.

겹쳐질 첩: 疊, 겹쳐질 첩: 疊, 근심 수: 愁, 마음 심: 心

같은 처지의 사람들과 함께하라

◎ 초록동색 草綠同色

풀과 푸름은 서로 같은 빛이라는 의미. 곧, 같은 처지나 같은 경우의 사람들끼리
함께 행동한다는 뜻.

 사람의 인생은 누구와 어울리느냐에 따라 크게 변화할
수 있다. 주변에 어떤 사람을 두느냐에 따라 생각과 행동
이 달라지기 마련이며 이는 나아가 인생의 방향에도 영향
을 미친다. 좋은 사람들과 함께하면 그들의 긍정적인 에
너지가 나에게도 전달되고 나 또한 더욱 좋은 사람이 될
가능성이 높아진다. 다른 이들이 나를 평가할 때도 내가
어울리는 사람들을 함께 보게 되므로, 나와 가까운 사람

들의 모습은 내 이미지를 형성하는 중요한 요소가 된다.

선한 영향력을 주는 사람들과 어울릴수록 나 자신도 더 나은 방향으로 변화하게 된다. 그러니 불필요하거나 해로운 인연은 과감하게 정리하는 것이 필요하다. 불필요한 관계를 유지하다 보면 나에게 부정적인 영향을 끼칠 뿐 아니라, 나의 발전을 방해할 수 있기 때문이다. 항상 주변에 긍정적인 영향을 줄 수 있는 좋은 사람들과 관계를 맺고 나에게 해로운 사람들과는 인연을 끊어냄으로써 더욱 행복하고 의미 있는 인생을 살아가도록 하자.

주변의 사람들을 선택하는 것은 나의 삶의 방향을 결정짓는 중요한 열쇠임을 잊지 말고 살아가도록 하자.

풀 초: 草, 푸를 록: 綠, 한가지 동: 同, 빛 색: 色

일곱 번 넘어져도 여덟 번 일어나라

◈ 칠전팔기 七顚八起

일곱 번 넘어지고 여덟 번 일어난다는 뜻으로, 여러 번 실패하여도 굴하지 아니하고 꾸준히 노력함을 이르는 말.

한계라고 생각되는 현실 앞에 무너질 것인가? 무뎌질 것인가?

당신은 어떻게 살아가고 있는가? 우리는 살아가며 '이것이 내 한계인가? 나는 여기까진가?' 하는 생각을 할 때가 반드시 있다. 누구보다 노력했지만 더는 발전이 없을 때, 타고난 재능을 가진 사람과 나를 비교하며 노력만으로는 안 되는 것이라는 생각이 들 때, 아무리 노력해도 돌아선 사랑을 다시 돌릴 수 없을 때, 나 자신의 존재가 너무 쓸모없게 느껴질 때 등. 이 모든 상황에 이 모든 현실 앞에서 무너지고 마는가? 아니면 무뎌질 때까지 그저 그렇게 살아가는가? 그것도 아니면 한계를 뛰어넘기 위해 무한한 노력을 하고 있는가?

정답은 여러분의 마음에 있을 테지만 가끔은 그렇게 묻어두고 살아도 되고 무너진다면 다시 일어나면 된다. 무뎌질 때까지 덤덤하게 살아가도 된다는 말이다. 정해진 공식 따위 없다. 우리는 매일 온 힘을 다해 살아가고 있으니까. 현실의 벽이 너무 높다 할지라도, 현실과 이상 사이의 벽이 너무 높다 할지라도, 우리는 결국엔 뭐라도 될 거고 뭐라도 할 것이다. 또 다른 현실을 정복하며 살 테니까. 포기하지만 않는다면 어떤 삶이라도 살아갈 테니까 말이다.

그리고 우리
오늘도 꽤 괜찮은 하루를 보냈으니까.

일곱 칠: 七, 정수리 전: 顚, 여덟 팔: 八, 일어날 기: 起

탐욕과 분노, 어리석음을 경계하다

❀ 탐진치 貪瞋痴

탐욕(貪慾)·진에(瞋恚)·우치(愚癡)를 의미한다. 줄여서 탐·진·치라고도 하며, 이 세 가지 번뇌가 중생을 해롭게 하는 것이 마치 독약과 같다고 하여 삼독이라고 한다.

1. 탐욕

자신이 원하는 것에 대해 욕심을 넘어 집착하는 것을 의미한다. 정도를 넘어 욕심을 부리게 되면 의도치 않은 악함이 나올 수 있다. 즉 나도 몰랐던 내 모습을 발견할 수 있다는 것. 좋은 쪽이 아닌 나쁜 쪽으로 말이다. 욕심은 끝이 없다. 그리고 그 속에서 하는 실수 또한 욕심을 내면 낼수록 반복하게 된다. 하여 정도를 지나치지 않게 나를 누르는 것도 살아가며 반드시 필요하다. 결국 모든 것은 내 것이 아니라는 생각으로 살아가자. 채우는 것보다 비우기가 더 어렵겠지만 그래도 우리 한번 해보도록 하자.

2. 진에

성내고 미워하고 분노하는 마음을 말한다. 시기 질투도 이에 속하는 것이다. 이것은 참 다스리기 어려운 마음이라 볼 수 있겠다. 나 또한 끓어오르는 분노라든가 화를 참지 못할 때가 많으니까. 누구나 그럴 것이다. 화가 없는 사람은 없고 미워하는 마음을 가지지 않고 살아온 사람 또한 없을 것이다. 우리와 가장 가까이 있는 감정이자 우리와 가장 멀어져야 하는 감정이다. 하지만 멀어지기가 쉽지 않다. 아무리 오랜 시간 마음을 다스려도 한순간 오르는 화를 어찌지 못하는 상황이 꼭 오기 때문이다. 그리하여 수행에 이 같은 감정은 가장 독이 되는 감정이 될 수 있겠다. 끊임없는 노력, 어쩌면 죽을 때까지 노력해도 다스리지 못하는 감정일 수도 있다.

3. 우치

현상이나 사물을 이해할 수 없는 어두운 마음을 뜻한다. 이런 마음을 가지게 되면 옳은 시선으로 모든 것을 볼수 없다. 한마디로 삐뚤어진 마음으로 그릇 된 시선으로보게 된다는 것이다. 그야말로 모든 괴로움을 일으키는근본이라 할 수 있겠다. 올곧은 시선으로 바라볼 수 없으므로 바른 판단을 하지 못하는 것이 당연하다. 이런 어두운 마음에서 탐욕이 생기고 진에가 생기는 것 결국 모든것의 원흉이라 볼 수 있겠다.

끝으로, 이 같은 것을 불교에서는 삼독이라 하며 열반에 이르는 데 장애가 된다고 말한다. 어쩌면 인간의 가장기본적인 감정이다. 순수하게 본다면 순수하게 볼 수도있으며 그것을 악한 마음으로 품으면 더없이 악해질 수있는 것. 다시 한번 말하지만 채우는 것보다 비우기 더 어렵다 할지라도 우리는 비워내며 살아가는 법을 반드시 배워야 하며, 그것을 실천하며 살아가는 삶을 살아야 할 것이다.

탐욕 탐: 貪, 부릅뜰 진: 瞋, 어리석을 치: 痴

4장 작은 진리에서 배우는 큰 삶

깨달음으로 향하는 길

향상일로는 깨달음의 경지에 이르는 하나의 길이라는 뜻.

이 말을 쉽게 풀어보자면, 우리는 매일 자신의 삶을 위해 노력해야 한다는 의미다. 오늘보다 내일, 그리고 그다음 날 더 나은 내가 되기 위해 끊임없이 발전하며 살아가야 한다는 뜻이다. 발전하는 삶을 사는 것은 매우 중요하다. 우리가 초등학교, 중학교, 고등학교에서 교육을 받는이유도 결국 인간의 성장을 위한 것이다. 혼자서는 깨닫기 어려운 세상의 진리를 알기 위해 교육을 받고, 앞으로더 현명하게 살아가기 위해 교육을 받는 것. 즉 모든 교육은 나를 성장시키기 위한 과정이라는 말이다.

시간은 인간을 기다려주지 않는다. 우리가 발전하는 삶을 외면하며 살아가는 동안에도 시간은 계속해서 흘러간다. 그 흘러가는 시간 속에서 어떤 삶을 살 것인가는 전적으로 우리의 의지에 달려 있다. 만약 그 시간을 헛되이 보낸다면, 결국 우리는 허무한 결말을 맞이하게 될 것이다. 삶의 마지막 순간에 후회만 남게 되는 것이다.

누구도 발전하는 삶을 살아야 한다고 강요하지 않는다. 그것이 진리일지라도 각자의 삶이기 때문이다. 그러나 우리는 알아야 한다. 비록 누구도 강요하지 않더라도, 발전하는 삶을 살아야 한다는 것은 우리의 선택이자 필수라는 사실을.

향할 향: 向, 윗 상: 上, 한 일: 一, 길 로: 路

겉으로만 떠벌리지 말라

허장성세 虛張聲勢

헛되이 목소리의 기세만 높인다는 뜻으로, 실력이 없으면서도 허세로만 떠벌림.

　　과시는 결핍에서 나온다. 인간이 인정을 받고 싶어 하는 욕구는 매우 자연스러운 일이다. 누구나 자신의 뛰어난 부분을 드러내고, 사람들에게 돋보이고 싶은 마음을 가지고 있다. 그것이 나쁘거나 잘못된 것은 아니다. 오히려 그 과정에서 얼마나 많은 노력을 기울였을지 생각하면, 그 결실을 사람들에게 자랑하는 것은 충분히 이해할 수 있다. 누구도 그 노력을 과하다며 비난할 자격은 없다. 말 그대로 그것은 그 사람 노력의 결과이기 때문이다.

하지만 나는 과한 과시는 결핍의 표현이라고 생각한다. 과시의 기준은 사람마다 다를 수 있지만, 내가 말하는 과함이란, 누구나 보기에 선을 넘은 것처럼 느껴지는 정도다. 이럴 때 흔히 빈 수레가 요란하다는 말이 떠오른다. 비어 있는 깡통이 소리만 요란한 것처럼, 속은 텅 비었지만 자신의 부족함을 감추기 위해 과도하게 자랑하는 사람들. 그들은 자신의 부족한 부분을 들키지 않으려 부러 과장하고, 그것을 자신의 대단한 업적으로 만들어 내세우는 경우가 있다.

그렇게까지 과장하고 나면 어떤 마음이 들까? 그 순간의 만족 뒤에는 어떤 감정이 남을까? 아마 외로움이 크게 자리 잡지 않을까 생각한다. 공허하고 쓸쓸하며, 텅 빈 방에 홀로 머무는 듯한 기분일 것이다. 물론 그렇지 않은 사람들도 있을 것이다. 하지만 그런 사람들조차 이미 자신을 속이고 있을 가능성이 크다. 그 과한 모습이 진짜 자기 모습이라고 믿으며, 자신을 기만하고 살아가는 것이다.

결국 그들은 불쌍한 사람들이다. 자신을 좁은 프레임 안에 가두고 그 안에서 자신조차 속이며 살아가는 사람들. 평생을 외부의 시선을 의식하며, 다른 사람의 눈에 맞춰 인생을 살아가야 하는 사람들. 그것이 바로 결핍이 지나쳐 과시가 된 삶이다.

빌 허: 虛, 펼 장: 張, 소리 성: 聲, 기세 세: 勢

좋은 일에는 반드시 어려움이 따른다

호사다마 好事多魔

좋은 일에는 탈이 많다는 뜻으로, 좋은 일에는 방해가 많이 따른다거나 좋은 일이 실현되기 위해서는 많은 풍파를 겪어야 한다는 것을 의미하는 말.

인생은 결코 평탄하지만은 않다. 누구나 살면서 여러 차례의 어려움을 겪고, 때로는 앞이 보이지 않는 막막함에 빠지기도 한다. 마치 끝없는 터널 속에 갇힌 듯한 기분이 들 때도 있다. 하지만 그 터널의 끝에는 반드시 빛이 있듯 인생의 어려움도 결국엔 지나가고 나면 더 나은 순간이 찾아온다. 고생 끝에 낙이 온다는 말은 단순한 속담이 아니라 수많은 사람들의 경험에서 나온 진리다. 지금 고난을 겪고 있다면 그것은 앞으로 다가올 좋은 일들을 위한 과정일 뿐이다.

지금 내 앞에 닥친 힘든 상황이 마치 나만 겪고 있는 불행처럼 느껴질 수 있다. '왜 내게만 이런 일이 생길까?'라는 생각에 휩싸여 자책하고 신세를 한탄할지도 모른다. 하지만 그런 생각에 매몰되지 말고, 잠시 멈춰서 생각해 보길 바란다. 지금 겪고 있는 이 어려움이 끝난다면, 그 뒤에는 분명히 더 나은 일들이 찾아올 것이다. 지금의 고통은 일시적인 것이고 결국엔 내가 더욱 강해지고 성장하는 과정일 뿐이라고.

세상에는 완벽한 행복만이 존재하는 사람은 없다. 모두가 나름의 어려움을 겪으며 살아가고 있다. 중요한 것은 그 어려움을 어떻게 받아들이고 어떻게 극복해나가는가이다. 내가 겪는 시련은 결국 나를 더 단단하게 만들고, 그 끝에 있는 행복을 더 값지게 느끼게 해줄 것이다. 마치 비가 온 뒤에야 무지개가 뜨는 것처럼 어려움 뒤에 오는 행복은 더 큰 의미를 지닌다.

지금 이 순간이 힘들더라도 결국 그 시간이 지나면 모든 것이 괜찮아질 거라는 믿음을 가지자. 그리고 행복은 나와 상관없는 단어가 아니며, 나도 충분히 누릴 자격이 있는 감정이라는 사실을 잊지 말자. 힘든 시기를 겪고 있는 사람들에게 이 말을 전하고 싶다. 포기하지 말아라. 한 번만 더 버텨보자. 지금은 고통스럽겠지만, 결국 그 고통은 지나가고 언젠가는 다시 웃을 날이 올 것이다.

어제를 잘 버텨낸 당신은 오늘도 잘 버텨낼 수 있다. 그리고 내일은 조금 더 나은 하루가 될 것이다. 그렇게 오늘을 견디고 내일을 향해 한 걸음 한 걸음 걸어가다 보면 어느 순간 나도 모르게 그토록 바라던 꽃길 위를 걷고 있을지도 모른다. 지금 포기하지 않는 것이 미래의 행복을 만드는 가장 중요한 선택임을 잊지 말자.

좋을 호: 好, 일 사: 事, 많을 다: 多, 마귀 마: 魔

만남이 있으면 헤어짐이 있다

◎ 회자정리 會者定離
만나면 언젠가는 반드시 헤어지게 된다는 뜻.

"세상에 존재하는 모든 관계는 언젠가 시작과 끝을 맞이한다."

회자정리는 이를 상징적으로 표현하는 고사성어이다. 우리의 삶 속에서 만남과 헤어짐은 필연적인 순환이며, 그 자체가 인생의 흐름을 이루는 중요한 요소다. 인간관계는 서로의 교감을 통해 마음을 나누고 함께하는 시간 속에서 성장해나간다. 그러나 그 관계가 언제까지나 지속될 것이라는 기대는 때때로 우리의 마음을 혼란스럽게 한다. 영원할 것 같았던 만남이 끝나는 순간 우리는 이별의 아픔과 함께 자신을 돌아보게 된다. 이것은 단순한 슬픔이 아니라, 삶의 자연스러운 흐름에 대한 깨달음이기도 하다.

회자정리는 단순한 이별의 비극을 말하는 것이 아니다. 오히려 만남과 헤어짐을 수용함으로써 더 깊은 삶의 의미를 찾으라는 가르침이다. 모든 인연이 영원할 수 없다는 사실은 우리의 현재를 더욱 소중히 여기게 만들고 그 순간에 충실하게 살아가도록 이끈다. 관계의 끝을 맞이하는 순간에도 감사하는 마음을 품고 그 과정에서 배우고 얻은 것들을 마음에 새길 때, 우리는 더 큰 성장을 이룰 수 있다. 헤어짐을 두려워하지 말자. 회자정리는 떠남 속에서도 새로운 만남이 기다리고 있음을 알려준다. 과거의 이별은 새로운 시작을 위한 밑거름이며, 그 경험을 통해 우리는 더 넓은 세상과 마주할 준비를 하게 된다. 이는 곧 우리 인생의 매 순간을 값지게 만드는 원동력이다. 삶은 끊임없는 만남과 헤어짐의 반복이다. 하지만 그 안에서 우리는 사랑을 느끼고 교훈을 얻으며 더 나은 내일을 기대할 수 있다. 그러니 이별을 마주할 때도 그것을 통해 배우고 성장하며, 다음 만남을 준비하는 것이야말로 진정한 삶의 지혜일 것이다.

만날 회: 會, 놈 자: 者, 정할 정: 定, 떠날 리: 離

즐거움이 다하면 슬픔이 온다

흥진비래 興盡悲來
흥이 다하면 슬픔이 온다는 뜻으로, 세상일에는 흥망성쇠가 있다는 말이다.

인생은 끊임없이 변화하는 감정의 흐름 속에서 진행된다. 우리는 흔히 인생의 행복한 순간이 끝없이 지속되길 바라지만, 즐거움의 끝에서 슬픔을 맞이하는 순간은 반드시 찾아온다. 그 순간은 우리에게 예상치 못한 고통을 안겨주기도 한다. 오랫동안 기다려왔던 행복의 절정이 끝나는 순간 그 자리를 슬픔이 채우며 허전함과 상실감이 찾아오기 때문이다. 하지만 흥진비래는 이 슬픔마저도 영원하지 않다는 점을 시사한다. 슬픔이 오는 만큼, 그 슬픔도 지나가면 다시 즐거움이 찾아온다는 의미를 담고 있는 까닭이다.

삶의 감정들은 마치 계절의 변화와도 같다. 봄이 오면 여름이 오고, 여름이 지나면 가을과 겨울이 찾아오듯이 우리의 감정도 끊임없이 순환한다. 즐거움은 영원하지 않지만, 슬픔 또한 영원하지 않다. 우리는 이 사실을 깨닫고 감정의 변화 속에서도 흔들리지 않고 중심을 잡아야 한다는 것을 잊으면 안 된다. 즐거움이 다한 후 슬픔이 온다는 사실은 우리의 삶에서 일시적인 감정에만 집착하지 않도록 도와준다. 행복한 순간을 더욱 소중하게 여기고 그 끝에서 찾아오는 슬픔도 자연스러운 흐름으로 받아들이는 법을 배우게 된다. 슬픔은 피할 수 없는 감정이지만, 그 슬픔 속에서 우리는 내면의 성장과 새로운 깨달음을 얻게 된다. 결국 즐거움과 슬픔은 서로를 대체하며 우리의 삶을 더욱 풍요롭게 만드는 요소들이다.

흥진비래는 우리에게 인생의 변화를 두려워하지 말고, 그 흐름에 몸을 맡기라는 교훈을 준다. 즐거움 속에서는

일상의 진리, 고전에서 배우다

그 순간을 만끽하고 슬픔이 찾아왔을 때는 이를 통해 배움을 얻으며 다시 다가올 즐거움을 기대하라는 것이다. 인생은 이처럼 희비가 교차하며 흘러가는 여정이고, 우리는 그 여정 속에서 한층 더 깊어진 삶의 의미를 깨닫게 된다.

일 흥: 興, 다할 진: 盡, 슬플 비: 悲, 올 래: 來

신뢰, 세상을 움직이는 힘

◎ 무신불립 無信不立
믿음이 없으면 설 수 없다는 뜻.

    신뢰는 인간관계와 사회의 기초를 세우는 가장 중요한 덕목 중 하나이다. 개인과 사회가 제대로 서기 위해서는 반드시 신뢰가 바탕이 되어야 한다. 이는 인간 사이의 관계뿐 아니라, 조직, 국가, 심지어 경제와 같은 모든 영역에서도 해당하는 것이다. 우리는 종종 신뢰가 깨졌을 때 그 심각한 결과를 목격하게 된다. 어떤 관계든 신뢰가 무너지면 서로에 대한 기대와 믿음은 무너지고, 관계는 금이 가기 시작한다. 이는 단순히 개인 간의 문제가 아니라,

사회적 신뢰가 붕괴할 경우 그 파장은 더욱 크다. 법과 질서, 경제 시스템, 정부 기관 등은 모두 사회 구성원들의 신뢰에 기반을 두고 있으며, 그 신뢰가 없으면 모든 것이 불안정해진다.

무신불립은 신뢰가 단순히 도덕적 원칙을 넘어서 사회의 바탕을 이루는 실질적인 힘이라는 점을 일깨워준다. 신뢰 없이는 개인의 말과 행동이 힘을 잃고 조직과 사회는 혼란과 불신 속에서 방향을 잃게 된다. 이는 곧 신뢰가 모든 인간 활동의 중심에 있어야 한다는 것을 의미한다. 우리가 누군가를 신뢰할 때, 그 사람이 약속을 지키고 책임을 다할 것이라는 믿음을 가진다. 이 믿음이 깨지면 관계는 더는 제 기능을 할 수 없으며 협력과 조화는 불가능해진다. 기업과 국가 간의 무역협정, 정치와 경제의 원활한 운영도 결국 신뢰를 기반으로 움직인다. 신뢰는 말 그대로 세상을 움직이는 힘이다.

신뢰를 얻는 데는 시간이 오래 걸리지만, 잃는 것은 한 순간이다. 그렇기에 신뢰를 지키는 일은 무엇보다 중요하다. 사람들은 신뢰를 바탕으로 서로의 약속을 지키고 공동체는 그 신뢰 속에서 평화롭게 유지된다. 그러므로 우리는 개인적인 관계든 사회적인 관계든 신뢰를 저버리지 않기 위해 끊임없이 노력해야 한다. 신뢰는 그 어떤 화려한 성공보다도 중요한 덕목이며, 그것이 없다면 우리는 아무리 높은 곳에 서 있어도 결국 흔들리고 말 것이다. 신뢰를 바탕으로 우리는 비로소 안정된 삶을 영위할 수 있으며, 그 속에서 더욱 풍요롭고 의미 있는 관계를 만들어 나갈 수 있다.

없을 무: 無, 믿을 신: 信, 아니 불: 不, 설 립: 立

모든 것은 마음먹기에 달렸다

◎ 일체유심조 一切唯心造

모든 것은 오직 마음이 지어낸다는 의미로 모든 것은 오로지 마음먹기에 달려 있다는 말.

　모든 것은 마음먹기에 달려 있다. 할 수 있다는 마음으로 끝까지 나아가면 결국 원하는 것을 이루어낼 수 있을 것이다. 반대로 '나는 못해, 가능하지 않아.'라는 마음으로 포기하면 그 마음이 이끄는 대로 결과도 그렇게 될 것이다. 왜냐하면 우리는 생각하는 대로 행동하기 때문이다. 마음을 먹는다는 것은 곧 내 머릿속의 생각을 다짐으로 굳힌다는 의미다. 그 다짐조차 없다면, 하고 싶은 마음도 생기지 않는다.

무언가를 원하고 있다면 내일은 그것에 한 발짝 더 가까이 다가가겠다는 의지로 다짐해보자. 나는 못 한다는 나약한 소리 대신 나는 할 수 있다는 긍정적인 마음으로 스스로의 마음을 다스려보자. 물론 이런 말은 누구나 알고 있고, 생각만큼 쉽게 되는 일은 아니라는 것도 잘 안다. 그럼에도 한번 시도해보자. 더 나은 내일은 스스로 만들어가는 것임을 잊지 말고, 오늘 내일을 위한 다짐을 해보자.

세상을 살아가는 모든 이들의 내일이 오늘보다 더 빛나기를 바라는 마음으로.

하나 일: 一, 모두 체: 切, 오직 유: 唯, 마음 심: 心, 지을 조: 造

감정의 바람에 흔들리지 않기

팔풍부동 八風不動
희로애락에 일희일비하지 말라.

팔풍부동은 희로애락 등 여덟 가지 바람에 흔들리지 않는다는 뜻이다. (팔풍은 칭찬과 비난, 낙과 괴로움, 이익과 손해, 명예와 불명예를 말한다.) 우리 삶에 팔풍은 어쩔 수 없이 당연하게 따라오는 것이다. 이것들은 태어난 이상 우리와 함께할 수밖에 없는 것들이라고 말할 수 있겠다. 기쁨이 있으면 슬픔 또한 있을 것이고 이익이 있다면 손해 또한 있을 것이며 선이 있다면 악 또한 있을 것이다. 무엇이든 한쪽으로 완전히 치우치는 것은 없고 어떻게 되었든 우리는 나쁜 일도 좋은 일도 함께 경험하며 인생을 살아가게 된다는 것이다. 그러니까 한 가지 일에 너무 크게 동요할 필요는 없다는 말이다. 기쁜 일도 슬픈 일도 그 어떤 일이라 할지라도 적당히 기뻐하고 적당히 슬퍼하며 살아가도록 하자.

이런 모든 감정에 초연하기란 쉽지 않다. 누구나 다 그럴 것이다. 현재는 항상 괴로움을 안고 있고 미래는 멀게만 느껴질 뿐. 하지만 '이 또한 다 지나가리라.'라는 말이 있지 않은가? 인생은 그렇게 흘러간다. 우리가 원하든 원하지 않든 앞으로 흘러가는 게 인생이다. 지금 괴로움이 있다면 그것 또한 지나가는 것이고, 지금 슬픔이 있다면 그 또한 머지않은 미래에는 과거가 될 것이다. 그러니까 너무 괴로워하지도 너무 슬퍼하지도 말자. 마음처럼 잘되지 않겠지만 노력하면 뭐든 안 되는 것은 없으니 내 정신 건강을 위해 노력해보도록 하자.

기쁨 또한 마찬가지다. 뛸 듯이 기쁜 일이 있어도 우리

일상의 진리, 고전에서 배우다

조금은 진정하고 적당히 기뻐하도록 하자. 내가 살면서 느낀 것 중에 제일 큰 깨달음이 있는데, 그게 기쁨이 넘치면 슬픔을 낳게 된다는 것이다. 하지만 언제나 감정 앞에서 약해지는 게 인간이고, 나도 그런 인간이라 아직도 기쁨이나 슬픔을 적당히 느끼는 법을 모른다.

 늘 잔잔하게 흘러가는 강물처럼 살고 싶지만, 현실은 언제나 큰 파도를 만들어내는 바다라고 할 수 있다.

여덟 팔: 八, 바람 풍: 風, 아니 부: 不, 움직일 동: 動

부모에게 효도하지 못한 한탄

◎ 풍수지탄 風樹之嘆
나무가 고요하고자 하나 바람이 그치지 않는다.

    이 사자성어는 부모님이 살아계실 때 그들에게 충분히 효도하지 못하고 그 기회를 영영 잃어버린 후에 느끼는 깊은 후회를 나타낸다. 우리 모두 부모님의 존재가 당연한 듯 느껴질 때가 많다. 일상에서 부모님의 사랑과 보살핌을 받으며 살아가지만 그 사랑이 얼마나 귀한 것인지 제대로 깨닫지 못한 채 시간이 흘러가곤 한다. 그 소중함을 깨달았을 때는 이미 부모님께서 곁에 계시지 않거나, 건강이 예전 같지 않을 때가 많다. 부모님께 효도한다는 것은 단순히 물질적인 도움을 주는 것이 아니다. 부모님과 함께하는 시간을 소중히 여기고 부모님의 말씀에 귀 기울이며, 마음으로 이해하고 보살피는 것이 진정한 효도이다. 그러나 현대사회에서 바쁜 일상에 우리는 이러한 소중한 순간을 놓치기 쉽다. 우리는 미래를 위해 달리느라 현재의 소중한 관계를 간과하고 나중에 시간이 생기면 부모님을 돌보리라는 막연한 생각에 젖어 있다. 하지만 부모님과 함께할 수 있는 시간이 영원하지 않다는 것을 깨달았을 때, 그 후회는 말로 다 표현할 수 없을 만큼 크다.

부모님의 사랑은 우리가 인생을 살아가는 동안 가장 크고 변치 않는 지지대이다. 그 사랑에 대한 보답은 부모님이 계실 때, 함께 시간을 보내며 마음을 나누는 것으로부터 시작된다. 시간이 지나면 돌이킬 수 없는 순간들이 다가오고, 그때는 아무리 후회해도 소용이 없다. 우리가 잊지 말아야 할 것은 부모님께서 살아계신 지금 이 순간이 바로 효도를 실천할 수 있는 기회라는 점이다. 효도는 거창한 일이 아니라 작은 관심과 따뜻한 말 한마디, 그리고 함께하는 시간이 될 수 있다. 부모님이 곁에 계실 때, 함께할 수 있는 매 순간을 소중히 여겨야 한다. 부모님께 드리는 효는 우리의 책임이자 의무가 아니라 우리가 받은 사랑에 대한 감사의 표현이다. 그 사랑을 기억하고 오늘 바로 그들에게 마음을 표현하는 것이야말로 인생에서 가장 값진 일이다.

바람 풍: 風, 나무 수: 樹, 갈 지: 之, 탄식할 탄: 嘆

사자성어에서 배우는 삶의 지혜 4

처염상정(處染常淨) 더러운 곳에 처해 있어도 세상에 물들지 않고, 항상 맑은 본성을 간직하고 있을 뿐만 아니라, 맑고 향기로운 꽃으로 피어나 세상을 정화한다는 말로 연꽃의 성격을 잘 대변하는 말.

첩첩수심(疊疊愁心) 이 표현은 깊은 산골을 나타낼 때도 쓰이고, 어려움이 더하는 것을 비유적으로 나타낼 때도 쓰인다.

초록동색(草綠同色) 풀과 푸름은 서로 같은 빛이라는 의미.

칠전팔기(七顚八起) 일곱 번 넘어지고 여덟 번 일어난다는 뜻.

탐진치(貪瞋痴) 탐욕(貪慾)·진에(瞋恚)·우치(愚癡)를 의미한다. 줄여서 탐·진·치라고도 하며, 이 세 가지 번뇌가 중생을 해롭게 하는 것이 마치 독약과 같다고 하여 삼독이라고 한다.

향상일로(向上一路) 향상일로는 깨달음의 경지에 이르는 하나의 길이라는 뜻.

허장성세(虛張聲勢) 헛되이 목소리의 기세(氣勢)만 높인다는 뜻.

호사다마(好事多魔) 좋은 일에는 탈이 많다는 뜻.

회자정리(會者定離) 만나면 언젠가는 반드시 헤어지게 된다는 뜻.

흥진비래(興盡悲來) 흥이 다하면 슬픔이 온다는 뜻.

무신불립(無信不立) 믿음이 없으면 설 수 없다는 뜻.

일체유심조(一切唯心造) 모든 것은 오직 마음이 지어낸다는 의미.

팔풍부동(八風不動) 희로애락에 일희일비하지 말라.

풍수지탄(風樹之嘆) 나무가 고요하고자 하나 바람이 그치지 않는다.

일상의 진리, 고전에서 배우다

살아가면서 우리는 끊임없이 질문과 마주하게 됩니다. 그 질문들은 때로는 우리의 경험에서, 때로는 감정 속에서 그리고 인생을 향한 끝없는 이해의 갈망에서 자연스럽게 생겨납니다. 이 책은 그런 질문들에 대해 답을 찾고자 하는 여러분께 길잡이가 되어주고, 예로부터 전해지는 삶의 지혜와 지식을 함께 나누고자 하는 마음으로 시작되었습니다. 마치 선인들이 남긴 귀중한 보물을 꺼내 보듯, 이 책 속에 담긴 속담과 관용적 표현들은 단순한 단어의 나열이 아닌 삶의 깊은 진리를 담고 있습니다.

우리의 일상 속에서, 때로는 사소하게 여겨지는 순간에도 진리는 숨어 있습니다. 그 진리들을 삶에 적용하고 깨달음을 얻는 과정은 결코 쉽지 않지만 그 과정 속에서 얻는 통찰력은 시대를 넘어 여전히 우리에게 중요한 가르침을 줍니다. 저는 이 책을 통해 독자 여러분이 일상 속에서 소중한 깨달음과 위로를 발견하기를 진심으로 바랍니다.

사실 이 책을 집필하는 과정에서 저 또한 참으로 많은 것들을 배우고 느꼈습니다. '배움이란 끝이 없다.'는 말이 결코 과장이 아니라는 것을 새삼 깨닫게 되었습니다. 저 역시 앞으로도 일상의 작은 순간 속에서 진리를 발견하고, 그것을 기록하는 작업을 계속해나가려고 합니다. 이 여정은 끝이 없는 배움의 길이기도 하지만, 그만큼 보람차고 의미 있는 길이기도 합니다. 그리고 그런 여정 속에서 언제나 여러분이 함께해 주시기를 진심으로 바라는 마음입니다.

저는 이 책을 통해, 작은 성찰 하나하나가 여러분의 마음에 울림을 주고, 혼란스러운 시기에도 한 줄기 빛이 되어주기를 바랍니다. 우리가 살아가면서 겪는 수많은 의심과 혼란의 순간들 속에서도 이 책이 작은 위로와 방향을 제시할 수 있기를 간절히 바랍니다. 또한 여러분이 이 책을 통해 조금 더 넓은 시각으로 세상을 바라보고, 각자의 질문에 대해 용기 있게 답을 찾아나가시길 소망합니다.

끝으로, 저와 함께 진리를 찾는 이 여정에 동행해주신 여러분께 깊은 감사의 마음을 전합니다. 항상 제 곁에서 아픈 저를 돌봐주며 삶의 지혜를 알려주는 사랑하는 어머니에게도 특히 감사하고 사랑한다는 말을 전합니다. 이 책이 단순한 읽을거리가 아닌, 여러분의 삶 속에서 새로운 깨달음을 얻게 하는 작은 길잡이가 되기를 기원하며, 앞으로도 저와 여러분이 함께 배우고 성장하는 여정을 계속 이어나가기를 바랍니다. 언제나 삶 속에서 새로운 배움을 얻고, 그 배움 속에서 깊이 있는 지혜를 발견할 수 있기를 진심으로 응원합니다.

2024년 10월

도승하